工业和信息化精品系列教材
工业互联网

U0742421

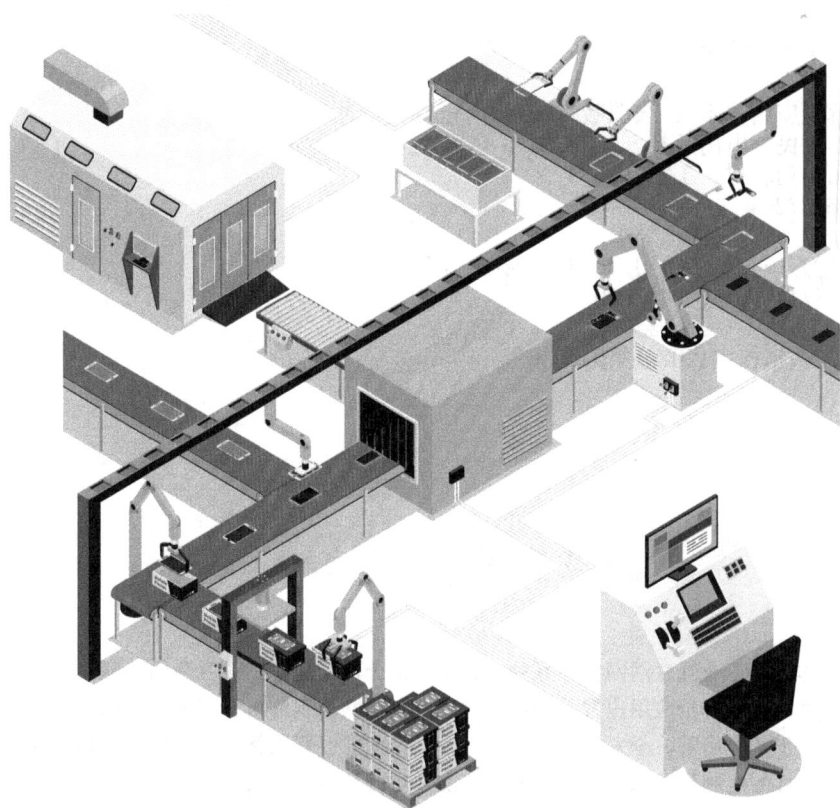

工业互联网标识解析应用技术

微课版

万杰 伍小兵◎主编

张丽 王力◎副主编

人民邮电出版社

北京

图书在版编目（CIP）数据

工业互联网标识解析应用技术：微课版 / 万杰，伍
小兵主编. -- 北京：人民邮电出版社，2024.8
工业和信息化精品系列教材. 工业互联网
ISBN 978-7-115-63872-4

Ⅰ. ①工… Ⅱ. ①万… ②伍… Ⅲ. ①互联网络－应
用－工业发展－标识－教材 Ⅳ. ①F403-39

中国国家版本馆CIP数据核字（2024）第048536号

内 容 提 要

工业互联网标识解析体系是工业互联网网络体系的重要组成部分，是支撑工业互联网互联互通的神经枢纽。本书从工业互联网标识解析应用出发，深度讲解工业互联网标识解析标识编码、标识标签的制作与识别、标识解析的创新应用等。全书共7个项目，分别为工业互联网标识解析认知、标识解析二级节点业务管理、标识标签的制作与识别、标识解析二级节点接口测试、ThingsBoard平台应用、工业互联网标识解析在产品/设备层的创新应用和工业互联网标识解析在流程/过程层的创新应用。本书在内容设计上采用理论与实践结合的方式，通过理论学习和操作实践，让读者系统地理解工业互联网标识解析的体系架构及标识应用。

本书可作为职业院校工业互联网相关专业的教材，也可作为企业培训、成人教育相关专业的教材以及工程技术人员的参考书。

- ◆ 主　　编　万　杰　伍小兵
　　副主编　张　丽　王　力
　　责任编辑　刘晓东
　　责任印制　王　郁　焦志炜
- ◆ 人民邮电出版社出版发行　　北京市丰台区成寿寺路11号
　　邮编　100164　　电子邮件　315@ptpress.com.cn
　　网址　https://www.ptpress.com.cn
　　固安县铭成印刷有限公司印刷
- ◆ 开本：787×1092　1/16
　　印张：11.25　　　　　　　　　　2024年8月第1版
　　字数：287千字　　　　　　　　 2025年3月河北第2次印刷

定价：49.80元

读者服务热线：(010)81055256　印装质量热线：(010)81055316
反盗版热线：(010)81055315

前　言

　　工业互联网是新一代信息技术与工业经济深度融合的新型基础设施，通过将人、机、物、系统等全面连接，构建起覆盖全产业链、全价值链的新型制造和服务体系，为推进制造业数字化、网络化、智能化发展提供实现途径，在支撑制造强国和网络强国建设、提升产业链现代化水平、推动经济高质量发展方面发挥了重要作用。

　　工业互联网标识解析体系通过为机器、产品等物理资源和算法、工艺等虚拟资源赋予唯一的"身份号码"，并借此对它们进行快速定位和信息查询，实现跨企业、跨行业、跨地域的信息资源集成与共享，是全球供应链系统和企业生产系统精准对接、产品全生命周期管理和智能化服务的前提与基础。

　　本书对工业互联网标识解析的应用进行详细的介绍，包括 7 个项目，项目 1 为工业互联网标识解析认知，主要介绍工业互联网的基本概念、工业互联网标识解析的基本概念和节点设施，以及工业互联网标识应用；项目 2 为标识解析二级节点业务管理，简单介绍二级节点，帮助读者掌握标识编码规范，以及在二级节点业务管理系统中进行标识注册、标识查询的方法；项目 3 为标识标签的制作与识别，主要介绍实训平台及条码、RFID 标识标签等被动标识载体的制作与识别；项目 4 为标识解析二级节点接口测试，主要讲解标识解析二级节点业务管理系统的接口及接口测试；项目 5 为 ThingsBoard 平台应用，主要介绍 ThingsBoard 平台的部署和使用；项目 6 为工业互联网标识解析在产品/设备层的创新应用，主要讲解标识解析在茶叶溯源中的应用，并介绍如何在 ThingsBoard 中开发茶叶溯源的相关窗口部件；项目 7 为工业互联网标识解析在流程/过程层的创新应用，主要讲解标识解析在订单跟踪中的应用，并介绍如何在 ThingsBoard 中开发订单跟踪的相关窗口部件，最后给出订单跟踪综合案例。

　　本书由信息通信行业产教融合共同体、北京新大陆时代科技有限公司组织编写，重庆工程职业技术学院万杰、伍小兵担任主编，重庆工程职业技术学院张丽、王力担任副主编，参与编写的还有深圳信息职业技术学院李仕茂、山东电子职业技术学院杜玉红、浙江交通职业技术学院陈思睿、重庆科创职业学院曹小平、四川信息职业技术学院宋美蓉。其中项目 1、项目 2、项目 3 由万杰和李仕茂编写，项目 4、项目 5 由伍小兵和杜玉红编写，项目 6 由张丽、陈思睿和曹小平编写，项目 7 由王力和宋美蓉编写。

　　由于编者水平有限，书中难免有不妥之处，请读者批评指正。

编　者

2024 年 4 月

目　录

工业互联网标识解析认知

【案例引入】

工业互联网是指通过互联网技术将工业生产过程中的各种设备、系统、数据等进行连接和集成，实现信息化、智能化和自动化的生产方式。在工业互联网中，标识解析是非常重要的一环，它能够帮助企业快速、准确地定位和识别设备、系统和数据等资源，提高生产效率和管理水平。

通过标识解析技术，企业可以实现对设备和系统的全面管理与监控，及时发现和解决问题，提高生产效率和质量，降低生产成本和风险。同时，标识解析技术还可以为企业提供更加精准的数据分析和预测，帮助企业做出更加科学的决策，提高市场竞争力。因此，标识解析技术在工业互联网中具有非常重要的地位，并且发挥着不可忽视的作用。

【职业能力目标】

- 能通过对"知识链接"内容的学习，掌握工业互联网的基本概念。
- 能通过对"知识链接"内容的学习，掌握工业互联网标识解析的基本概念及应用。

【学习目标】

- 熟悉工业互联网的基本概念及标准体系。
- 理解工业互联网标识解析的基本概念及节点设施。
- 了解工业互联网标识应用的发展现状和趋势。

微课

工业互联网的
基本概念

【知识链接】

1.1 工业互联网的基本概念

工业互联网是新一代工业浪潮的产物，全球主要国家在工业互联网探索和实践中形成了不同的认识。在国内，工业互联网产业联盟（Alliance of Industrial Internet，AII）对工业互联网的定义可分为宏观层面的定义和技术层面的定义。

- 从宏观层面讲，工业互联网通过工业经济全要素、全产业链、全价值链的全面连接，支撑制造业数字化、网络化、智能化转型，不断催生新模式、新业态、新产业，重塑工业生产制造和服务体系，实现工业经济高质量发展。
- 从技术层面讲，工业互联网是新型网络、先进计算、大数据、人工智能等新一代信息技术与制造技术融合的新型工业数字化系统，它广泛连接人、机、物等各类生产要素，构建支撑海量工业数据管理、建模与分析的数字化平台，提供端到端的安全保障，以此驱动制造业的智能化发展，引发制造模式、服务模式和商业模式的创新与变革。

提问 工业互联网与我们印象中的互联网或生活中接触更多的消费互联网有什么区别呢？

消费互联网与工业互联网的区别主要体现在服务对象、市场主体、市场结构和用户数增长速度上，如表1-1所示。

表1-1 消费互联网与工业互联网的区别

对比项	消费互联网	工业互联网
服务对象	个人，为人们日常生活提供便利	企业，帮助企业经营改变方式、优化过程和提升效率
市场主体	互联网公司，互联网公司凭借优质的用户体验与快速的迭代创新，不断颠覆传统企业，二者呈现出此消彼长的关系	传统企业，互联网公司为传统企业提供互联网工具，帮助传统企业提升竞争力，二者呈现出合作共赢的关系
市场结构	受个人消费习惯影响，在细分领域中会出现"寡头"或"巨无霸"的现象	由于工业企业的情况千差万别，在不同细分领域有各自的行业引领者或出现"百花齐放"的现象
用户数增长速度	个体习惯改变代价低、传播速度快，用户数往往呈指数级增长，如同"沙滩捡贝壳"	工业企业改变代价高，用户数往往呈线性增长，如同"深海采珍珠"

讨论 除了上面提到的4点，消费互联网与工业互联网还有什么区别吗？请举例说明。

1.1.1 工业互联网体系架构

工业互联网是典型的"互联网+"的产物。与字面理解一样，工业互联网的核心在于"工业"

和"互联网"。"工业"是工业互联网的基本对象，它是指在工业全生命周期活动中所涉及的各类人、机、物、信息、数据等资源以及由此形成的工业能力，通过工业信息网络和互联网实现一种互联互通与共享协同的社会形态；"互联网"是工业互联网的关键手段，工业互联网综合利用物联网、云计算、大数据等互联网相关技术推动各类工业资源与能力的开放和接入，进而支撑由此衍生的新型制造模式与产业生态。

为加快我国工业互联网发展，推进工业互联网产、学、研、用协同发展，在工业和信息化部的指导下，于 2016 年 2 月成立了中国工业互联网产业联盟，该联盟于同年发布了《工业互联网体系架构（版本 1.0）》（以下简称"体系架构 1.0"）。体系架构 1.0 把网络、数据和安全作为工业互联网体系架构的三大核心体系，如图 1-1 所示。

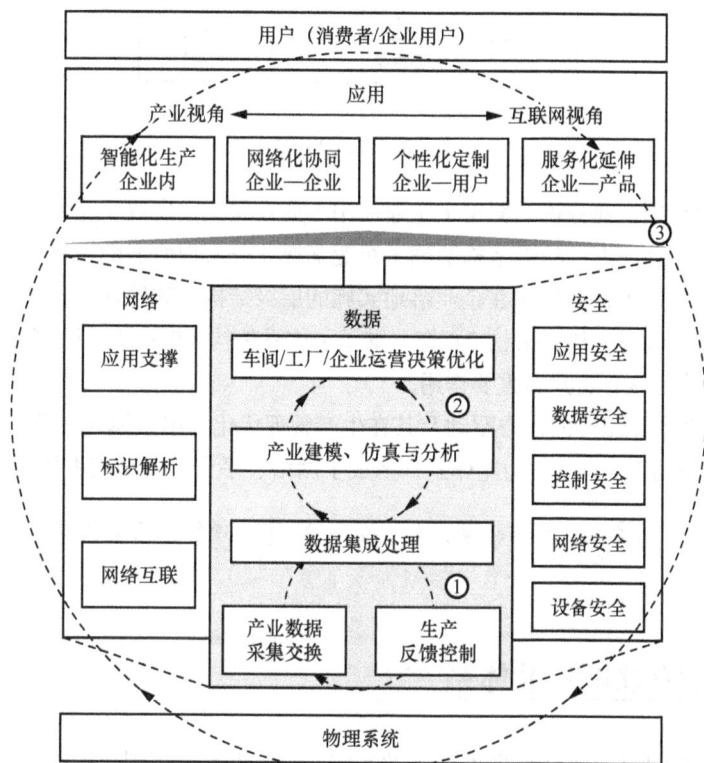

图 1-1 体系架构 1.0

在体系架构 1.0 中，"网络"是工业数据传输与交换、工业互联网发展的支撑基础，"数据"是工业智能化的核心驱动，"安全"是网络与数据在工业中应用的重要保障。

基于工业互联网的网络、数据与安全三大体系，工业互联网将构建面向工业智能化发展的三大优化闭环。

- 面向机器设备运行优化的闭环。
- 面向生产运营决策优化的闭环。
- 面向企业协同、用户交互与产品服务优化的全产业链、全价值链闭环。

基于三大优化闭环进一步形成智能化生产、网络化协同、个性化定制、服务化延伸四大应用模式。

体系架构 1.0 发布后，工业互联网的概念和内涵获得了社会各界的广泛认可，其发展也逐渐由理念与技术验证走向规模化应用和推广。在此背景下，2020年4月，在继承体系架构1.0的核心理念和功能体系的基础上，工业互联网产业联盟制定了《工业互联网体系架构（版本2.0）》（以下简称"体系架构2.0"），通过业务视图、功能架构和实施框架三大板块重新定义了工业互联网的体系架构，如图1-2所示。

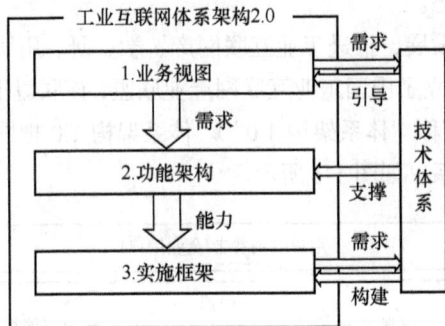

图1-2　体系架构2.0

在体系架构2.0中，业务视图明确了企业应用工业互联网实现数字化转型的目标、方向、业务场景及相应的数字化能力，功能架构明确了企业支撑业务实现所需的核心功能、基本原理和关键要素，实施框架描述了各项功能在企业落地实施的层级结构、软硬件系统和部署方式。

在发展和演进的同时，体系架构2.0充分继承了体系架构1.0的核心思想。

- 突出数据作为核心要素的重要作用。
- 强调数据智能化闭环的核心驱动及其在生产管理优化与组织模式变革方面的作用。
- 继承体系架构1.0的三大功能体系，形成了网络、平台、安全三大体系。

> **abc**
> **拓展**　请自行学习《工业互联网体系架构（版本2.0）》，理解体系架构2.0对体系架构1.0的继承性。

1.1.2　工业互联网标准体系

"没有规矩不成方圆"，工业互联网技术的实施与应用也需要规则，即需要形成工业互联网标准体系。"标准先行"是德国工业4.0战略的突出特点；德国将标准化工作列为实现工业4.0的8项行动之首。我国工业互联网的产业界也达成共识，一致认可"工业互联网要标准先行"的指导思想。

工业互联网产业联盟于2021年12月发布的《工业互联网标准体系（版本3.0）》中，工业互联网标准体系包括基础共性、网络、边缘计算、平台、安全及应用六大部分的标准，如图1-3所示。

- 基础共性标准是其他标准的基础支撑，包括术语定义、通用要求、架构、测试与评估、管理、产业链/供应链、人才等标准。
- 网络标准是工业互联网标准体系的基础，包括终端与网络、5G+工业互联网、标识解析等标准。
- 边缘计算标准是工业互联网网络和平台协同的重要支撑与关键枢纽，包括边缘数据采集与处理、边缘设备、边缘平台、边缘智能、边云协同、算力网络等标准。

- 平台标准是工业互联网标准体系的中枢，包括工业设备接入上云、工业大数据、工业机理模型与组件、工业数字孪生、工业微服务与开发环境、工业应用程序（工业 App）、平台服务与应用等标准。
- 安全标准是工业互联网标准体系的保障，包括分类分级安全防护、安全管理、安全应用与服务等标准。
- 应用标准面向行业的具体需求，是对其他标准的落地细化，包括典型应用（平台化设计、智能化生产、网络化协同、个性化定制、服务化延伸、数字化管理）和垂直行业应用等标准。

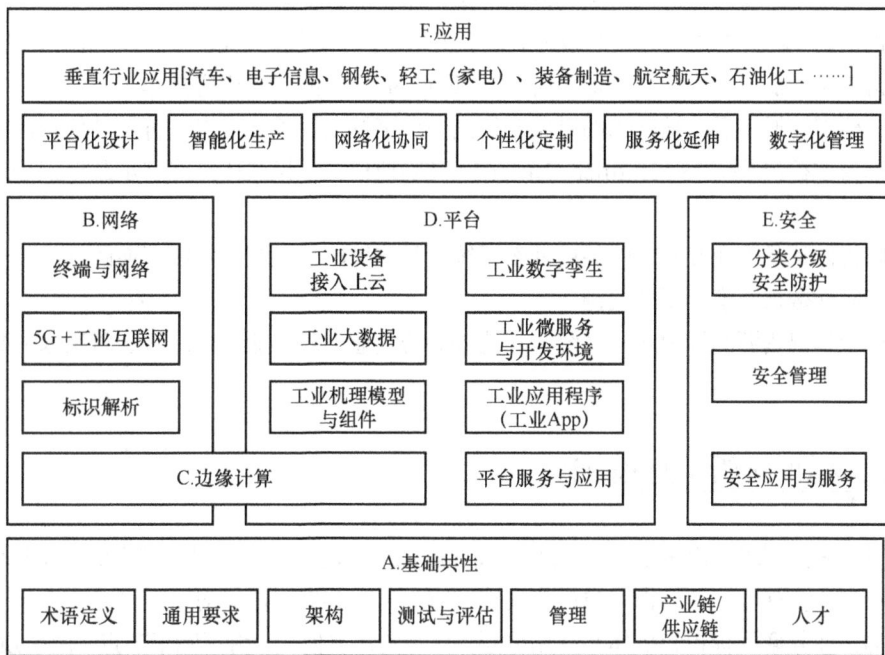

图 1-3　工业互联网标准体系

工业互联网标准体系复杂、内容丰富，这里不再深入讲解。若需要了解上述六大部分的具体标准，则可以到工业互联网产业联盟官网的"技术标准"专栏查找与学习。

1.2　工业互联网标识解析的基本概念和节点设施

在图 1-3 所示的"B.网络"部分涉及"标识解析"，那么"标识解析"具体是什么呢？它在工业互联网中扮演什么角色呢？

1.2.1　标识解析的基本概念

什么是标识？什么又是解析？如图 1-4 所示，"标识解析"可以延伸并抽象出两个名词和两个动词，两个名词分别是"标识编码"和"编码规范"，而两个动词则分别是"标识"和"解析"。

理解了这 4 个概念并厘清了它们之间的关系，就算对标识解析入门了。

标识编码（Identification Code）是指能够唯一识别物料、机器、产品等物理资源和工序、软件、模型、数据等虚拟资源的编码，是这些资源的身份符号，类似于"身份证号码"。

编码规范（Coding Specification）则是在得到标识编码的过程中需要遵循的一套规范，用于确保能够得到唯一的标识编码。

依据编码规范，对某个物理或虚拟对象进行标识，得到标识编码后，这个对象就可以凭借这个"身份号码"在市场上流通。如果你想通过这个"身份号码"得到具体的对象信息，即想要解析这个标识编码，就要先找到对应的编码规范。实际上，编码规范会被写入标识解析系统平台中，你只要单击相关功能按钮，如"标识注册""标识查询"，就能实现相应操作。

通过"标识注册"后，被标识的对象会得到一串字符以及承载这串字符及其他资源的标签，这个标签称为"标识载体"（Identifier Carrier）。准确地说，标识载体是能够承载标识编码的标签或存储装置。

标识解析体系是工业互联网的关键神经系统，是支撑工业互联网互联互通的神经枢纽，也是实现工业互联网数据共享共用的关键。

借助标识编码资源和标识解析系统，才能开展跨企业、跨行业、跨地区、跨国家的数据共享共用服务。

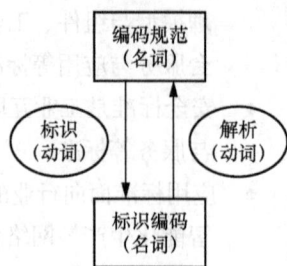

图 1-4　标识解析的 4 个重要概念

1.2.2　标识解析节点设施

1.2.1 小节提到依据编码规范，可以对物理或虚拟对象进行标识并得到唯一的标识编码，那么这个行为由谁来实施呢？是标识对象的所属企业吗？这个答案只能算对了一半。

我国的工业互联网标识解析体系采用分层、分级的部署模式，由国际根节点、国家顶级节点、二级节点、企业节点、递归节点组成，如图 1-5 所示。

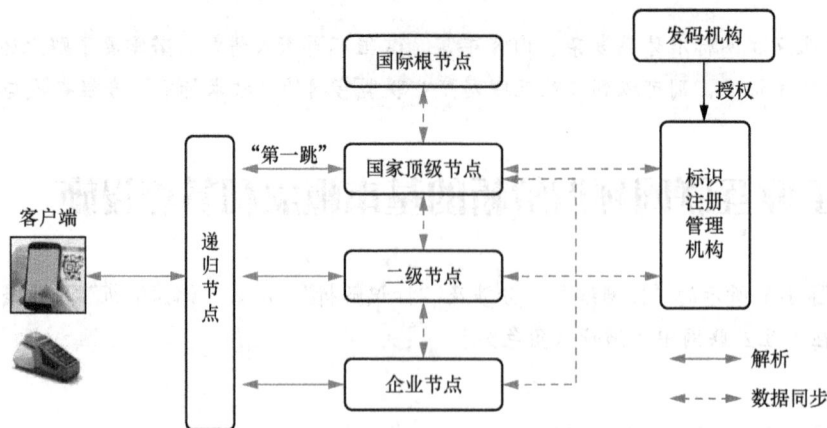

图 1-5　我国的工业互联网标识解析体系的部署模式

- 国际根节点：指一种标识解析体系管理的最高层级服务节点，提供面向全球范围根层级的公共标识服务，并不限于特定国家或地区。

- 国家顶级节点：指一个国家或地区内部顶级的标识服务节点，能够面向全国范围提供顶级标识解析，以及标识备案、标识认证等管理能力。
- 二级节点：是面向特定行业或多个行业提供标识服务的公共节点。二级节点既要向上与国家顶级节点对接，又要向下为企业节点分配标识编码及提供标识注册、标识解析、标识数据服务等，同时它需要满足安全性、稳定性和扩展性等方面的要求。
- 企业节点：指一家企业内部的标识服务节点，能够面向特定企业提供标识注册、标识解析、标识数据服务等，既可以独立部署，也可以作为企业信息系统的组成要素。
- 递归节点：指标识解析体系的关键性入口设施，能够通过缓存等技术手段提升整体服务性能。当收到客户端的标识解析请求时，递归节点会先查看本地缓存中是否有查询结果，若没有，则会通过标识解析器返回的应答路径进行查询。递归节点查询的"第一跳"应指向国家顶级节点，直至最终查询到标识所关联的地址或信息，将其返回给客户端，并将请求结果进行缓存。

目前，国家顶级节点部署在北京、上海、广州、武汉、重庆这5座城市，节点之间数据互为备份，提供标识就近解析服务，以保障标识解析效率；二级节点和企业节点主要分布在我国东部、中部等工业发展程度较高的省市。截至2023年3月，全国已上线的二级节点达265个，实现了全国31个省（自治区、直辖市）全覆盖，涵盖39个行业，标识注册总量突破2356亿，累计接入的企业节点超过23万家。

1.3　工业互联网标识应用

标识解析系统是实现工业互联网数据共享共用的关键，那其中有哪些具体应用呢？你在生活中遇到过吗？

工业互联网标识应用是指结合行业应用场景，依托分布式数据架构的工业互联网标识解析体系，基于工业互联网标识解析系统平台，将编码规范、数据规范进行有机结合，以工业互联网标识为数据流转的桥梁，牵引数据在行业间、平台间、企业间、系统间流转，向用户提供产品全生命周期管理、设备运行维护、供应链协同、生产运营优化、产业链协同等方面的应用软件。工业互联网标识应用一般需要包含业务逻辑、数据对象模型、数据对象交换模型、行业领域机理模型、模型算法等要素。

工业互联网标识应用已经在能源、石化、机械、船舶、医疗、食品等多个行业落地，在与制造业和信息通信等多领域技术的融合与集成中显现出巨大的生命力和创造力，为进一步创造新的工业互联网发展动能奠定了基础。

1.3.1　工业互联网标识应用的发展现状

基于工业互联网标识应用对象，将工业互联网标识应用体系分为产品/设备、流程/过程和产业/资源3个层次，而每个层次的具体应用内容又有所不同，如图1-6所示。

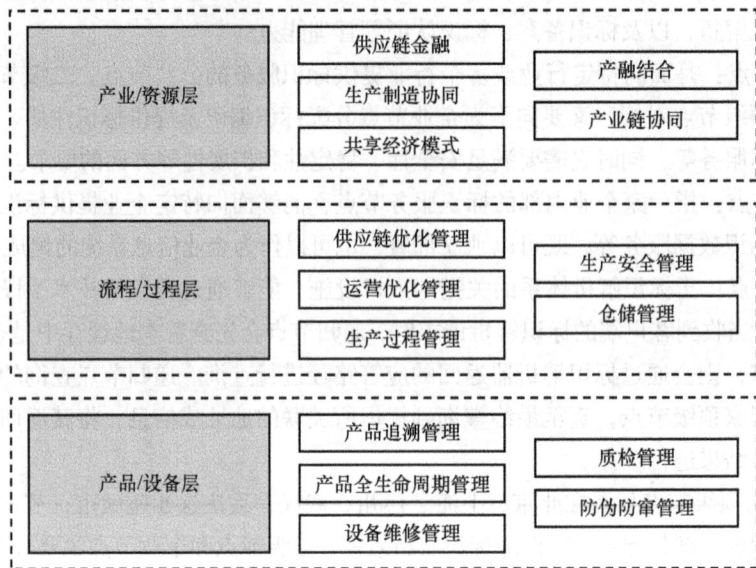

图1-6　工业互联网标识应用体系

1．工业互联网标识应用体系

（1）产品/设备层

工业互联网标识应用在产品/设备层通过传感器、数据采集设备、智能终端、主被动标识载体等构筑企业数据汇聚能力。围绕产品、设备（机理模型）、产线、车间等场景，依托工业互联网标识应用，通过对物理、虚拟对象进行唯一标识，将物理身份和数字身份映射，保障有源数据的全面收集、积累。面向产品追溯管理、产品全生命周期管理、设备维修管理、质检管理、防伪防窜管理等场景开展工业互联网标识应用。

（2）流程/过程层

工业互联网标识应用在流程/过程层依托产品/设备层形成的标识数据资源池，开展了丰富的应用探索与落地。工业互联网标识围绕生产、工艺、流程等场景开展了生产过程管理、供应链优化管理、运营优化管理、仓储管理、生产安全管理等应用。工业互联网标识应用在流程/过程层既带有通用化属性，也与行业属性密切结合。

（3）产业/资源层

工业互联网标识应用在产业/资源层以标识解析国家顶级节点为核心，依托标识解析二级节点和标识解析递归节点，形成统一管理、互联互通、高效可靠的基础设施，实现产业链、全要素的互通。基于标识数据资源池、行业级工业互联网平台的建设，打造产业链协同、共享经济模式、供应链金融、产融结合、生产制造协同等应用。

本书的项目6、项目7将分别从产品/设备层和流程/过程层进行工业互联网标识创新应用的项目开发。

2．工业互联网标识应用建设部署

上述3层的工业互联网标识应用对应不同层级的建设部署，同时对接不同层级节点的不同业务。工业互联网标识应用实施框架如图1-7所示。

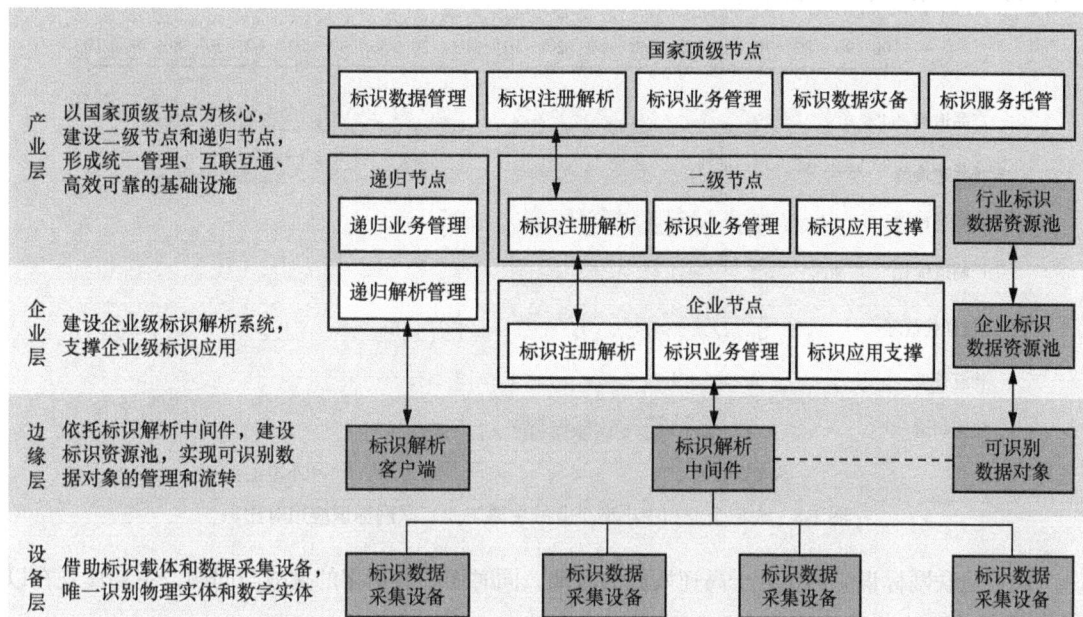

图 1-7 工业互联网标识应用实施框架

（1）设备层级建设部署

借助标识载体和数据采集设备，依托标识解析企业节点的标识注册功能，对产业链全流程中唯一识别的物理实体和数字实体进行"一物一码"标识，形成企业底层数据资源池。

（2）边缘层级建设部署

部署并依托标识解析中间件，实现可识别数据对象的管理和流转，同时与企业工业软件实现接口对接，协助企业提供标识注册、解析功能，快速实现工业互联网标识应用。

（3）企业层级建设部署

企业节点依托设备层与边缘层建设的能力，与企业内部工业软件、工业互联网平台实现横向对接打通，为企业提供工业互联网标识应用所需的注册、解析、统计、数据存储等基础功能。

（4）产业层级建设部署

产业链头部企业或具备相关服务能力的行业企业可申请建设标识解析二级节点，负责建设和运营标识解析二级节点系统，面向企业或个人提供标识注册、解析和数据管理等服务，起到承上启下的关键作用。与标识解析国家顶级节点对接，实现分级管理、全网解析。标识解析二级节点应充分发挥行业龙头企业的带动作用，利用其行业上下游辐射能力，实施行业级工业互联网标识应用。

目前，工业互联网标识应用已经实现了从 0 到 1 的突破，但仍处于培育期，缺乏能够打通行业多环节、具有高融合性的应用，此外应用企业数量有限，工业互联网标识应用互联互通的价值未发挥。

从整体来看，工业互联网标识应用主要集中在产品/设备层的相关场景中，尤其是产品追溯、设备状态检测、防伪防窜管理、生产制造优化等。如图 1-8 所示，在产品追溯场景中，工业互联网标识应用已经在大型企业和中小型企业中广泛应用，而在设备状态检测场景中，工业互联网标识在大型企业中的应用多于中小型企业。中小型企业由于受制于投入较大、价值体现不显著等因素，因此在其余场景中工业互联网标识应用的落地进度较慢。

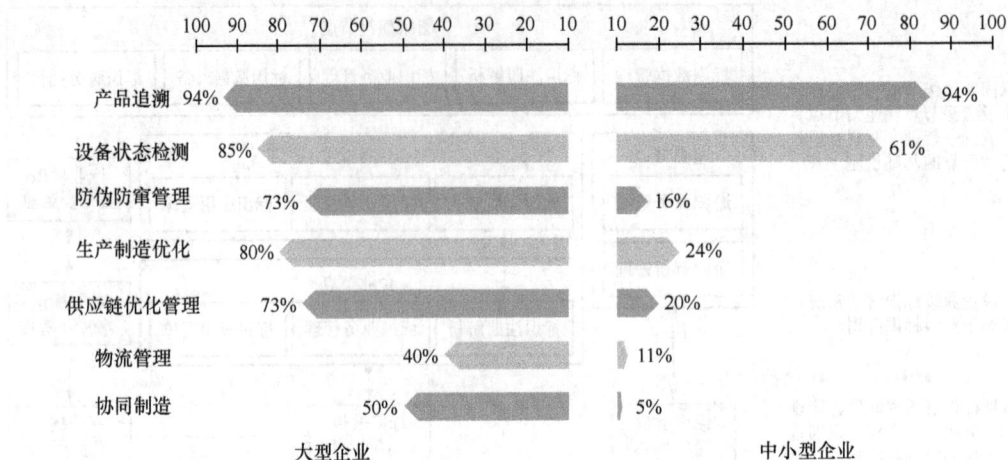

图1-8 大型企业和中小型企业的主要工业互联网标识应用对比

工业互联网标识应用正处于高速发展的时期，同时面临着诸多的挑战与问题，主要体现在以下几点。

工业互联网标识应用给企业带来的价值体现尚不显著。工业互联网标识应用在政府引导、市场驱动下，逐步从行业应用向跨行业延伸，整合各行业信息资源的能力初显，对产业赋能的价值不断凸显。但是我国产业规模巨大、产业链大而全、工业场景多而复杂、企业数字化建设进程不同，如何通过工业互联网标识应用与企业实际的数字化转型需求的深度结合，形成标准化、统一化、便利化的工业互联网标识应用是目前工业互联网标识解析工作的重点与难点。

随着五大国家顶级节点上线并稳定运行，"统一管理、互联互通、安全可靠"的工业互联网标识解析体系网络基础设施，已经开始向30余个垂直行业提供稳定的工业互联网标识应用服务。但是在实际工业领域中，不同行业之间甚至相同行业内部多存在数据采集的参数及格式不同的问题，针对同一对象，多维虚拟模型采集的数据格式也不一致，在产业链级数据融合时会出现数据断联的现象，导致不同系统之间不能进行交互，这是工业互联网标识应用发展所面临的挑战。

工业互联网标识应用的商业模式仍在探索。工业互联网标识应用已经在部分行业、场景中展示了它的价值，在助力企业降本增效的同时也利用标识数据资产化完成企业价值链的向外延伸。商业逻辑是企业运行并实现其商业目标的内在规律，商业目标的内在规律的要素是动态而复杂的，特别是对于行业各细分领域而言。针对工业互联网标识应用的商业模式探索将继续开展，最终形成围绕工业互联网标识应用产业生态的企业商业逻辑价值闭环。

1.3.2 工业互联网标识应用的发展趋势

针对工业互联网标识应用的发展现状及问题，工业互联网标识应用的发展趋势及展望主要体现在以下几点。

（1）主动标识载体技术应用是未来工业互联网标识应用的重要着力点。主动标识载体技术将成为新亮点。主动标识载体与运营商的公共网络能力相结合，其网络覆盖范围大，具有加密、身份认证等安全功能，除了承载标识，还能承载与标识相关的应用，且能够主动发起与标识相关的服务，更加自动化和智能化。主动标识载体是新型的工业互联网标识载体，未来需不断提高主动标识载体从产业链源头赋码的能力，使其关联产品全生命周期信息，从通用集成电路卡（Universal Integrated Circuit Card，UICC）、芯片、模组、终端设备几个方面探索并嵌入，实现面向智能联网设备构建身份认证、数据传输、安全连接等创新应用模式。联合智能联网设备相关标识解析二级节点，形成联动效应，构建面向智能联网设备全产业链的行业应用。推进区域、企业、设备的试点应用落地，形成应用成效。通过标识与电信设备进网认证、车载电池监管、仪器仪表检定、智能解决安全认证检定等监管需求结合，汇聚行业数据，支撑政府主管部门实现数字化与智能化监管。

（2）工业互联网标识应用与 5G 融合应用具备巨大发展空间。《工业互联网创新发展行动计划（2021—2023 年）》中提出在 10 个重点行业打造 30 个 5G 全连接工厂。5G 全连接工厂需要实现以业务为中心的信息组织和自由流动，基于 5G 大带宽、低时延、广连接的特性，结合标识解析体系形成的数据资源池，提炼过程监控、协同管理、数据可视化、预测分析、优化提升等应用服务，实现数字工厂的全要素连动式生产管理。通过对关键设备、设备备件、产品、部件、重保件、物料、在制品、制成品、库存品等的统一标识化，串联企业关键数据。基于 5G+工业物联网连接企业内部设备、人员、物料、制造过程以及自动化与信息化系统，获取全量标识数据，通过对全量标识数据的获取和对关键数据的统一管理，建成企业知识体系，建设以数据和知识驱动的智能化工业互联网标识应用场景。

（3）工业互联网标识应用将构建多维知识模型。工业互联网标识应用数据知识模型可以从企业生产活动中抽取，包括静态工艺机理知识模型、设备数字化模型等；也可以利用大数据分析技术，对数据进行处理、挖掘、加工后，依托算法进行推演与导出。

构建统一的行业工业互联网标识应用数据知识模型实现数据共享，用其解决不同行业企业的标准数据交互问题。不同类型的工业企业由于其自身的业务、环境、需求的不同，会产生不同类型的数据。随着数字经济的发展，传统工业的服务性价值被逐渐挖掘，分享工业信息的需求不断增多，因此在工业互联网标识应用数据知识模型中较为关键的是构建一种标准化的应用数据模型，实现工业制造物理资源的数字化表达，并通过一种科学的方法使数据能够在企业内或企业间分享。

（4）工业互联网标识应用助力中小型企业实现数字化转型。工业互联网标识解析二级节点持续发挥行业龙头企业带动作用，不断吸纳行业上下游企业接入标识解析体系，众多中小型企业将成为工业互联网标识应用服务的主要受众。未来，中小型企业将拥有自己的工业互联网平台或系统，工业软件也将"云化"并部署在平台之上，工业互联网标识解析企业节点将根据自身业务场景、数据需求，打造符合自身发展的工业互联网标识应用。工业互联网标识应用也将随着中小型企业的数字化转型融入我国工业体系的"毛细血管"中。未来工业互联网标识解析企业节点系统功能将不断开放、迭代、增强，结合工业互联网平台承载更多的功能应用。

（5）新型标识支持高安全可信工业互联网标识应用实现技术融合发展。基于区块链的去中心化身份（Decentralized Identity，DID）新型标识，以主动标识载体为基础，借助工业互联网标识解析体系，实现工业终端与工业互联网应用平台的主动连接和信息交互，推进工业企业供应链优化管理、生产过程管理、产品全生命周期管理等核心能力转型升级。探索利用区块链基础设施能力，支持现有标识解析体系数据和交互信息上链，支持高安全可信工业互联网标识应用，实现技术融合发展。新型标识的应用将成为未来工业互联网标识创新型应用的趋势之一。

【项目实施】

1.4 身份号码编码规则

了解了标识解析的基本概念后，我们通过一个练习来巩固一下对标识编码的认知。

你知道公民身份号码的编码规则吗？

我国公民的身份号码是依据国家标准《公民身份号码》（GB 11643—1999）进行编码的，所以这个标准就好比前文提到的编码规范，身份号码就好比标识编码，而身份证就是标识载体。

事实上，身份号码是特征组合码，由 17 位数字本体码和 1 位数字校验码组成。排列顺序从左至右依次为 6 位地址码、8 位出生日期码、3 位顺序码和 1 位校验码，可以用字母表示为 ABCDEFYYYYMMDD×××R。

如图 1-9 所示，身份号码的 18 位数字或字符分别表示不同内容。

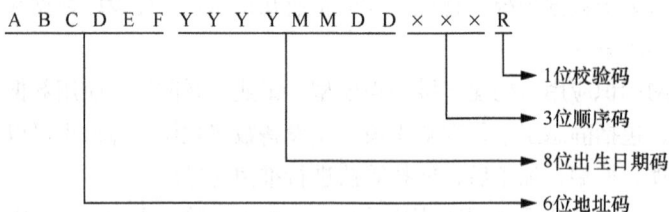

图 1-9 我国公民身份号码的编码规则

- 地址码（ABCDEF）：表示编码对象常住户口所在县（市、旗、区）的行政区划代码，按 GB/T 2260 的规定执行。

- 出生日期码（YYYYMMDD）：表示编码对象出生的年、月、日，按 GB/T 7408 的规定执行，年、月、日代码分别用 4 位、2 位（不足 2 位加 0）、2 位（同上）数字表示，其间不用分隔符。

- 顺序码（×××）：表示在同一地址码所标识的区域范围内，对同年、同月、同日出生的人编定的顺序号，顺序码的奇数分配给男性，偶数分配给女性。

- 校验码（R）：1 位数字，通过前 17 位数字根据计算规则计算得出。

校验码的计算规则如下。

（1）对前 17 位数字加权求和，公式为：$S = \text{Sum}(A_i \times W_i)$，$i = 0, \cdots, 16$，其中 A_i 表示第 i 位上的身份号码数值，W_i 表示第 i 位上的加权因子，其各位对应的值依次为 7、9、10、5、8、4、2、1、6、3、7、9、10、5、8、4、2，即（身份号码的第一位×7）+（第二位×9）+（第三位×10）+（第四位×5）+（第五位×8）+（第六位×4）+（第七位×2）+（第八位×1）+（第九位×6）+（第十位×3）+（第十一位×7）+（第十二位×9）+（第十三位×10）+（第十四位×5）+（第十五位×8）+（第十六位×4）+（第十七位×2），计算出总和（用 S 表示）。

（2）以 11 对计算结果 S 取模 $Y = \text{mod}(S, 11)$，即用 S 除以 11，看最后的余数。若能够整除，则计为 0；若余数为 1，则计为 1。最大余数为 10。全部数字为 0~10 共 11 个数字（用 Y 表示）。

（3）根据模 Y 的值得到对应的校验码。

对应关系如下。

Y值： 　0　1　2　3　4　5　6　7　8　9　10

校验码：1　0　X　9　8　7　6　5　4　3　2

若余数为0，则校验码对应为1；若余数为1，则校验码对应为0；以此类推，2对应X，3对应9，4对应8，5对应7，6对应6，7对应5，8对应4，9对应3，10对应2。若身份号码中的校验码不符合这个规则，则该身份号码肯定是假的号码。

找找表1-2中，哪些人的身份号码是假的？

表1-2　真假身份号码

姓名	身份号码	是真还是假
A	4200031912092400016	
B	4100041932100091234	
C	4100051962050541357	
D	41000619671216097X	
E	4200022002042430631	
F	1100012004062442862	

1.5 标识解析在设备监测运维管理的应用

下面以一个产品/设备层的应用案例——设备监测运维管理（见图1-10）来说明工业互联网标识解析的实际应用。

（1）场景描述

无论是流程还是离散行业，工厂现场都存在大量的动设备。以化工企业为例，需要对关键A类设备开展状态监测，而这部分设备的数量一般占企业设备数量的5%～15%，因此用于设备监测的传感器数量同样庞大。企业通过在设备监测点安装传感器，采集设备的温度、压力、振动频率、位移等数据，然后分析、诊断并预判设备的状态。

由于涉及参数调制、采集点位校对等大量工作，同时为了保证数据源的准确性，传感器与设备需要保持确定的一对一关系。为了保证生产的持续性，降低停机率，大量的设备需要定期大修以保持正常运转，换泵、倒泵现象也偶有发生，同时部分传感器需要定期做线下校对，这时现场施工人员需要将附着在动设备上的传感器拆卸。

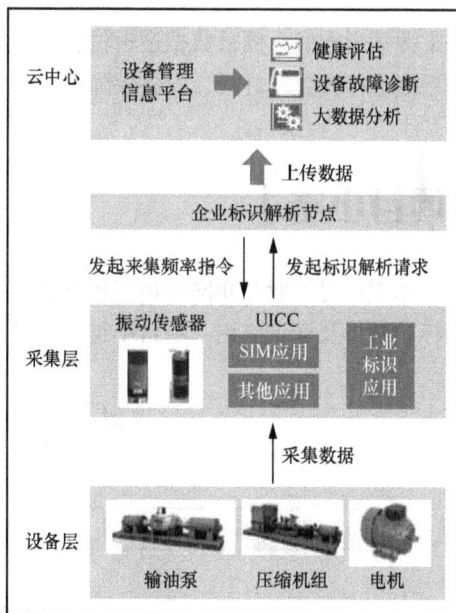

图1-10　标识解析在产品/设备层的应用案例

由于现场施工人员与后台运维人员属于不同部门，传感器在拆卸、安装过程中，与设备的对应关系需要仔细维护，如工作时有所疏忽或信息同步不畅，容易搞混传感器与设备的对应关系，而且工厂建设分散、建设周期不同、分厂众多，历史数据也存在冗余、不够精确的问题，这些都将影响数据分析工作，导致误判设备状态。

（2）标识解析应用前模式

传感器与设备的对应关系在该企业的设备信息管理平台上维护。一个传感器对应固定的采集点位、站、机、口等。如果遇到传感器拆卸、安装的工作，都将由现场施工的技术团队负责，施工完成后通知后台运维人员维护后台数据，以保持数据采集源的准确性。但是在实际工作中，施工、系统运维工作跨部门、跨车间，需要依赖员工工作的细致程度和责任感，而且现场环境复杂，设备、传感器使用时限较长，很难保证后台传感器与设备对应关系的一致性，影响生产效率、数据采集的准确性，企业运维成本高。

（3）标识解析应用后模式

应用标识解析后，为每个传感器、每台设备及设备管理云平台（简称平台）赋予唯一的身份标识，将传感器 ID、设备 ID、平台 IP 地址等数据分别写入标识标签中，并将传感器 ID、设备 ID、平台 IP 地址相互关联。利用主动标识技术，使用 UICC 作为主动标识载体与传感器进行绑定，并在主动标识载体中写入绑定的传感器标识以及主动解析请求程序（它能够主动解析设备管理云平台及与其匹配的设备标识）。结合通信模组，现场施工人员通过智能终端扫描设备标识与传感器标识，在每次现场传感器的拆卸与安装施工完成后，在智能终端单击"完工"，传感器上的主动标识载体将自动与设备建立通信，解析设备标识并获取设备 ID，完成与设备的匹配。然后通过解析设备管理云平台的标识，获取平台 IP 地址，与平台建立通信，将传感器 ID 与设备 ID 上传至设备管理云平台，后者自动生成工单并将其推送给平台运维人员，平台运维人员确认后，传感器与设备的一对一关联数据就存储在平台后台，同时平台自动检索并删除涉及该传感器与设备关联的冗余信息。

（4）标识解析应用成效

通过部署主动标识载体并与监测平台进行主动通信，提升了测量数据的即时性与准确性。数据来源清晰准确，测量数据逻辑位置、物理位置精准匹配，有效降低了设备管理和维护的成本，为后续进行大数据分析、设备故障诊断与健康评估奠定了基础。

【项目小结】

本项目对工业互联网标识解析进行了讲解，帮助读者了解工业互联网的基本概念、工业互联网标识解析及标识应用。项目小结思维导图如图 1-11 所示。

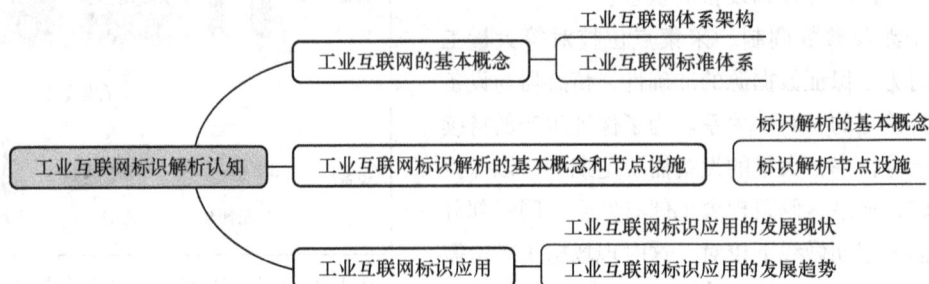

图 1-11　项目小结思维导图

【思考与练习】

（1）简述工业互联网标识解析的概念及标识应用。

（2）查阅相关资料，举例说明工业互联网标识解析在产业/资源层的应用。

项目2

标识解析二级节点业务管理

【案例引入】

工业互联网标识解析二级节点是面向特定行业或者多个行业提供标识服务的公共节点。二级节点向上与国家顶级节点对接，向下为企业节点分配标识编码及提供标识注册、标识解析、标识数据服务等，同时它需要满足安全性、稳定性和扩展性等方面的要求。作为推动标识产业应用规模性发展的主要抓手，二级节点是打造有价值的行业级标识应用、探索可持续发展业务模式的关键。

【职业能力目标】

- 能根据特定行业，完成工业互联网标识编码规范的制定。
- 能根据不同行业、不同产品，完成标识解析二级节点业务管理系统的基本操作。

【学习目标】

- 熟悉标识解析二级节点的主要业务。
- 了解工业互联网标识编码的基本原则和编码类型。
- 理解线缆行业标识编码规范并能够编写产品数据模板。
- 能够在二级节点业务管理系统中注册企业前缀及产品标识。

微课

线缆行业简介

【知识链接】

2.1 线缆行业简介

图 1-7 中简单描述了标识解析不同节点的主要业务，本节以线缆行业为例，详细介绍标识解析二级节点业务管理系统。

线缆行业建立了通信连接和传输的物理基础，是我国电子元件等产业增长的关键拉动力量。电线电缆广泛应用于国民经济各个部门，是现代经济和社会正常运转的基础保障。当前，全球电线电缆行业已步入稳定增长阶段，我国已成为全球最主要的线缆市场。过去 10 年，在流量需求增长以及基础网络建设的共同驱动下，线缆市场获得快速发展。

我国接入网络基本实现光纤化，光纤线路总长度稳居世界第一位，2022 年我国光缆产量约 3.46 亿芯千米，累计增长 6.6%。

> 提问 线缆行业已经成为我国新基建的重要基础，那你知道线缆产业链具体包括哪些上下游行业吗？

下面通过线缆行业产业链全景（见图 2-1）来简单了解一下这个行业。线缆包括光缆和电缆。产业链上游主要包括光缆原材料和电缆原材料的制造。产业链中游主要是光缆和电缆的生产制造环节，包括光纤预制棒—光纤—光缆，以及铜、铝等原材料经过拉丝、装铠等环节的电缆制造环节，目前国内这方面的工艺较为成熟。产业链下游是成品线缆的应用行业，涉及通信、电力、交通、海洋、石化、船舶等不同行业。

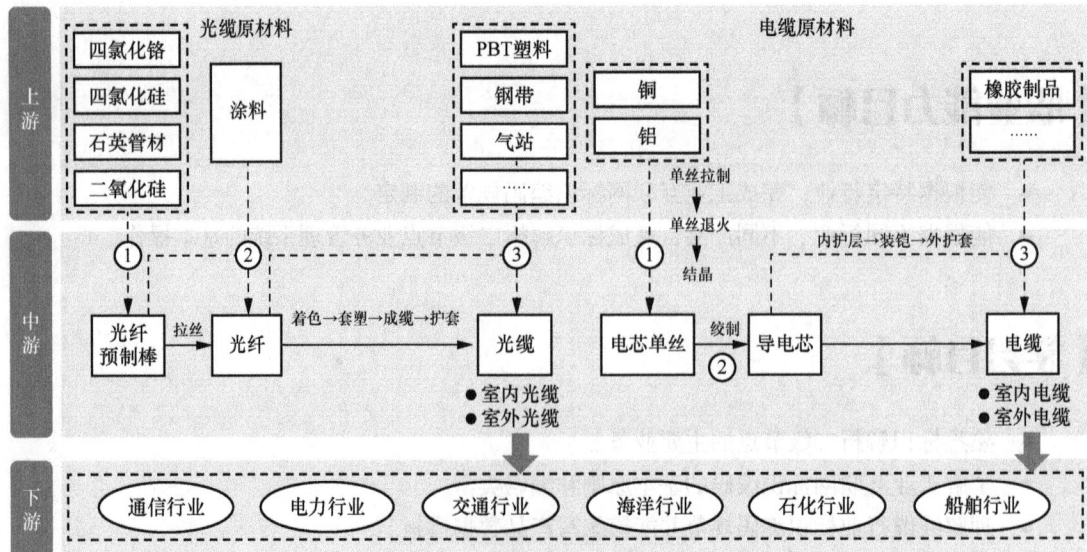

图 2-1　线缆行业产业链全景

目前，我国线缆产业链仍存在供需不匹配、生产协调能力薄弱等问题，需提升智能化水平，增强产业链的数据互认和全局协同等能力。对于光缆而言，存在行业产能过剩等问题，但市场需求逐渐回归理性；对于电缆而言，其产值巨大但存在集中度低、技术力量分散、产品科技含量不高等问题。随着新一代信息技术的蓬勃发展，借助物联网、标识解析、大数据、云计算等信息技术，线缆行业正不断提升全行业的数字化和信息化水平，推动产业链，供应链优化升级。

提问　要从产业链和工厂内两个应用层级，对一个行业内部的物理或虚拟对象进行标识，大概会有哪些标识对象呢？以线缆为例，其最终产品有光缆和电缆（还有更细的二级分类），那其余对象你能想到哪些？

线缆行业标识对象分类可以参考表 2-1。其中，工厂内的 5 类对象也是制造业企业现场管理的五大要素——人、机、料、法、环（Man，Machine，Material，Method，Environment，4M1E）。如果需要对其他行业的对象进行标识编码，也可以按照 4M1E 来分类。

表 2-1　线缆行业标识对象分类

应用层级	对象分类	说明	对象举例
产业链	产品	对最终产品进行编码	电气装备线缆、通信电缆、电力电缆等
	产品经营数据	对生产订单、产品全生命周期管理订单进行编码	原材料参数订单、工业软件 BOM 等
	供应链相关数据	对企业上下游流转过程中的客户信息、供应商信息以及收货单和发货单进行编码	SCM 系统订单、收货单和发货单、企业资质表单等
工厂内	设备	对设备及其主要部件进行编码	制棒设备、拉丝设备等
	人员	对各类人员进行编码	操作员、管理员等
	工艺	对生产加工过程及工艺技术信息进行编码	工艺路线、生产工艺、检测管理、技术要求文件等
	物料	对各类物料进行编码	原材料、半成品、成品、备品备件、耗材等
	环境	对生产环境因素进行编码	温度传感器、湿度传感器、压力表等

注：BOM，即 Bill of Material（物料清单）；SCM，即 Supply Chain Management（供应链管理）。

调查　小组讨论并分工调查，先完成服装行业产业链全景的绘制，然后尝试列出服装行业的标识对象。

学习完线缆行业产业链全景和线缆行业标识对象分类，下面通过一个案例（见图 2-2）来了解一下线缆行业标识解析二级节点和企业节点的具体业务及标识应用。

可以从成品光缆追溯到预制棒厂的原材料四氯化硅，光纤预制棒进行拉丝后成为光纤，再经过着色、套塑、成缆、护套等工序将光纤制成光缆，最后将光缆包装并分发到各经销商处。整个光缆生命周期中的各个环节会生成不同的标识编码，但它们各自都是唯一的，而且是由各个企业节点在标识解析二级节点业务管理系统中注册完成的。消费者扫描成品光缆的标识二维码，可以追溯并了解产品的生产、物流等环节的细节。

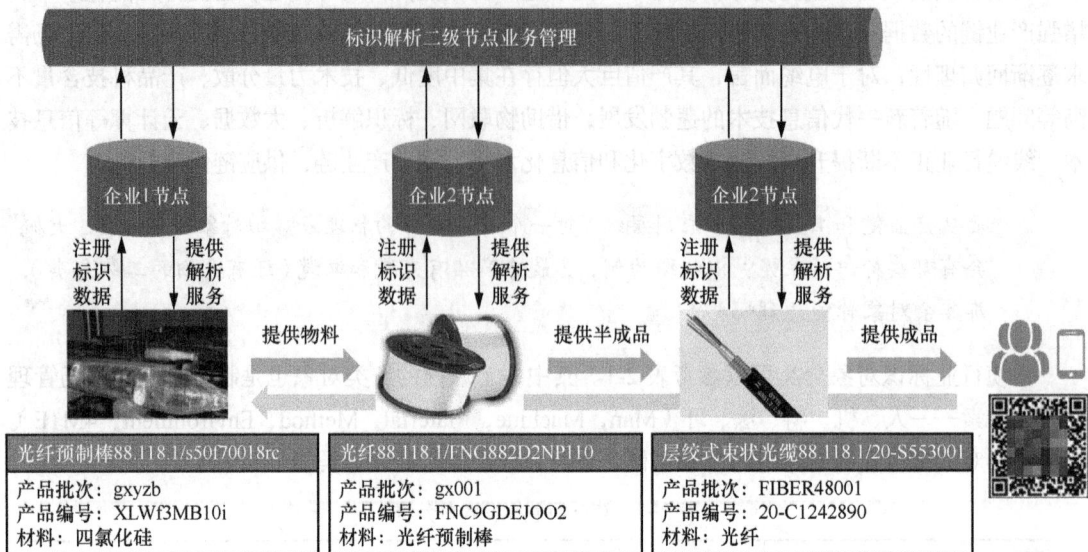

图 2-2 "棒纤缆"协同制造，"一物一码"全流程追溯

我们来看看借助标识解析二级节点业务管理系统实现上述案例的全流程追溯，产业链上的各个企业要完成哪些操作？

2.2 二级节点简介

微课

二级节点简介

2.2.1 二级节点类型

根据服务范围，标识解析二级节点可以被分为以下两类。

- 行业型二级节点：指面向特定行业提供标识注册、标识解析、标识数据服务等业务的二级节点。这类二级节点一般由行业龙头企业主导建设，如中国中车、海尔、中国航天科工等。
- 综合型二级节点：指面向两个及两个以上行业"大类"提供标识注册、标识解析、标识数据服务的二级节点。这类二级节点一般由本地政府或运营商主导建设，如福州市电子信息集团有限公司。

2.2.2 二级节点定位

图 2-3 所示为工业互联网标识解析二级节点总体框架。

二级节点是重要的基础设施。作为工业互联网标识解析体系的重要组成部分，二级节点对接国家顶级节点、企业节点、递归节点，以及标识注册管理机构，提供标识注册、标识解析等功能，是促进数据流动、加速信息共享的重要基础设施。

二级节点是重要的公共服务平台。除了提供标识注册、标识解析等功能，二级节点通常还提供应用支撑能力以及各种微服务、工具模型、开发环境、规范接口等，并在此基础上实现和提供各种标识创新应用，是实现标识价值，促进企业、行业和全社会转型发展的重要公共服务平台。

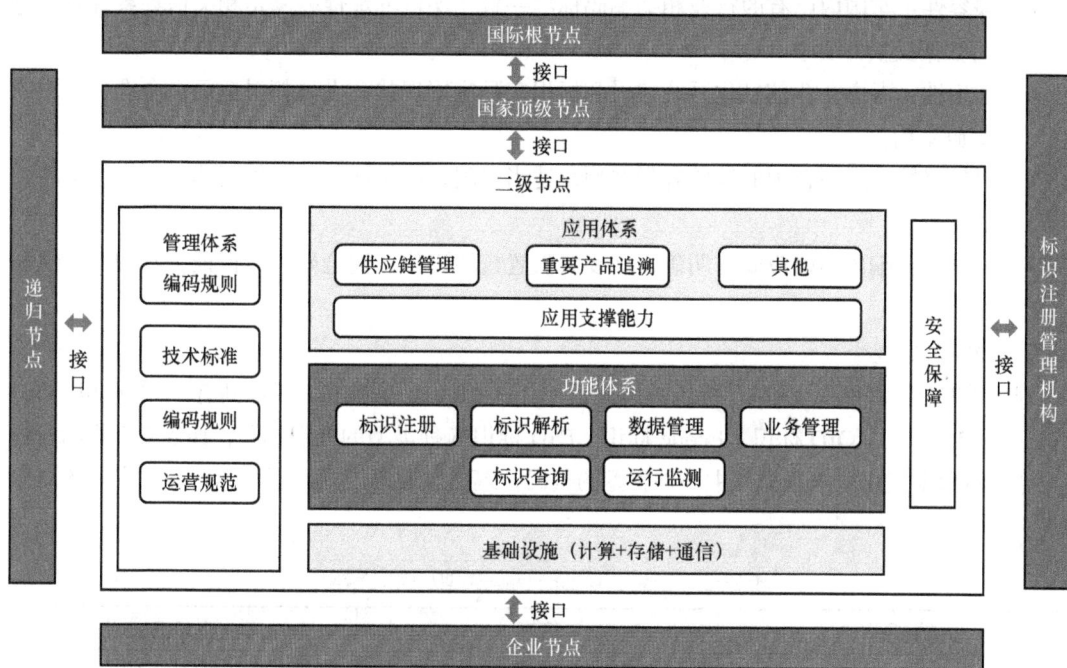

图 2-3 工业互联网标识解析二级节点总体框架

二级节点具有标识规范管理职责。二级节点向标识注册管理机构申请注册并获得标识前缀后，负责向企业节点分配下一级标识前缀，制定相应的编码规则和管理规范。

工业互联网产业联盟发布的《工业互联网标识解析 二级节点技术要求》（T11/AⅡ 001—2021）规定了二级节点的总体框架、管理要求、功能要求、应用要求、对接要求、性能要求、安全要求和部署要求等。本项目后续内容将详细介绍二级节点业务管理系统的接口说明，以及如何在二级节点业务管理系统上注册企业前缀和注册产品标识。

2.3 标识编码规范

微课

标识编码通用规范

2.3.1 标识编码通用规范

工业互联网产业联盟于 2021 年 12 月发布《工业互联网标识解析 标识编码规范》（T11/AⅡ 012—2021），该文件规定了工业互联网标识编码的基本原则、编码类型、编码结构和编码规则。

在设计一套规范前，先要了解一下设计的基本原则。如果标识编码规范能用于具体规定如何进行标识，如编码有几位、是否能包含特殊字符等，那么这个设计原则就是从根源上保证这套规范是合理、可行的。

1. 基本原则

标识编码是能够唯一识别机器、产品等物理资源和算法、工序等虚拟资源的身份符号。工业互联网标识编码主要遵循以下几个基本原则。

- 唯一性：标识编码应保证不重复，每个编码仅对应一个对象。
- 兼容性：与国内已有的行业相关编码标准一致，保持继承性，满足相关信息系统之间进行数据交换的要求。
- 实用性：考虑企业信息化系统建设和标识实际应用现状，设计相对全面、合理、有用的编码结构。
- 可扩展性：规划合理的编码容量并预留适当空间，以保证可在本编码体系下进行扩展、细化。
- 科学性：编码结构应简洁明确，必要时设置校验码位、安全码，以保证编码的正确性和安全性。

2. 编码类型

根据《工业互联网标识解析 标识编码规范》（T11/AII 012—2021），目前共有 VAA 标识、GS1 标识、Handle 标识、OID 标识、Ecode 标识、DID 标识 6 种类型的标识编码，如表 2-2 所示，行业或企业可根据应用需求选择其中一种类型的编码，遵循该编码规则，制定本行业或企业的对象编码。

表 2-2　工业互联网标识编码类型及具体结构

类型名称	结构	举例或具体规范
VAA	VAA 前缀/VAA 后缀	88.100.123/123456abcdef
GS1（Globe Standard 1，全球统一标识系统）	应用标识符+全球贸易项目代码	应用标识符规范参见 GB/T 16986—2018，全球贸易项目代码规范参见 GB 12904—2008
Handle	Handle 前缀/Handle 后缀	86.1009.2000/0001.123456
OID（Object Identifier，对象标识符）	1.2.156.3001.企业指定	参见 GB/T 17969.1—2015
Ecode（Entity Code，物品编码）	版本 V+编码体系标识 NSI+主码 MD	参见 GB/T 31866—2023
DID（Decentralized Identity，去中心化身份）	did.方案标识符.特定标识符	did.eth.123456abcdef

2.3.2　线缆标识编码规范

我国线缆行业基于行业标准［如《光缆型号命名方法》（YD/T 908—2020）］制定了《工业互联网标识解析 线缆 标识编码规范》（T11/AII 007—2020），该文件规定了线缆行业工业互联网标识编码的组成、编码结构、各部分的编码规则以及对应代码表。

微课

线缆标识编码规范

1. 编码结构

线缆行业工业互联网标识编码由标识前缀和标识后缀两部分组成，前缀与后缀之间以 UTF-8 字符"/"分隔。标识前缀由国家代码、行业代码、企业代码组成，以 UTF-8 字符"."分隔，用于唯一标识企业主体。标识后缀则体现了行业特点，由基础分类代码、企业自定义代码、生产代码、生产日期代码和产品随机代码组成，用于唯一识别标识对象。具体结构如图 2-4 所示。

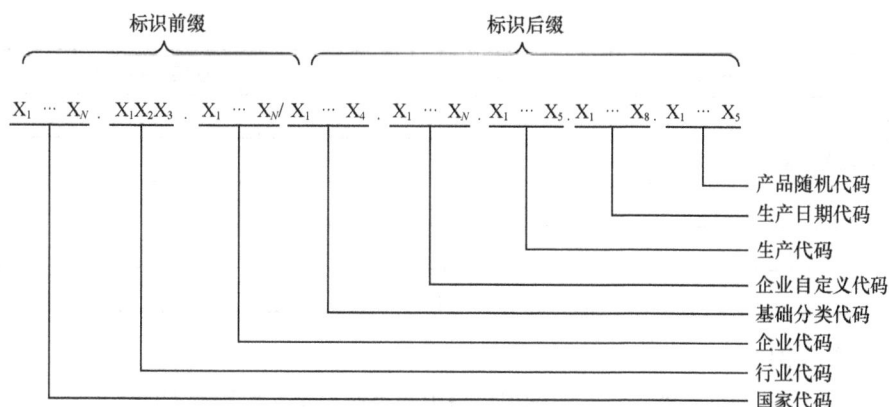

图 2-4　线缆行业工业互联网标识编码结构

标识前缀与标识后缀的各代码段长度、数据类型及其说明分别如表 2-3 和表 2-4 所示。

表 2-3　标识前缀组成

代码段	长度（字符）	数据类型	说明
国家代码	—	—	遵从标识解析体系和标识注册管理机构相关要求
行业代码	3 位	字符型	唯一标识制造业门类
企业代码	≤20 位	字符型	唯一标识工业互联网运营单元

表 2-4　标识后缀组成

代码段	长度（字符）	范围	数据类型	说明
基础分类代码	4 位	0101~9999	十进制数字型	对线缆产品类型的标识
企业自定义代码	≤20 位	—	字符型	对产品个性化特征的标识
生产代码	5 位	01001~99999	十进制数字型	前 2 位代表厂区，后 3 位代表产线，由企业自行分配，为可选项
生产日期代码	8 位	—	十进制数字型	对产品生产日期的标识，使用 YYYYMMDD 格式
产品随机代码	5 位	—	字符型	由编码系统生成的不重复随机码，保证线缆成品对象的唯一性

表 2-4 中的生产代码、生产日期代码和产品随机代码应该不难理解，但基础分类代码和企业自定义代码是怎么生成的呢？

基础分类代码由线缆的一级分类和二级分类决定。一级分类代码参见表 2-5，二级分类则是在每个一级类别下继续细分，01 光缆和 03 电力电缆的二级分类代码分别可参见表 2-7 和表 2-8，想了解其他线缆的二级分类代码可以查看《工业互联网标识解析 线缆 标识编码规范》（T11/AII 007—2020）。

表 2-5　线缆一级分类代码

名称	分类代码
光缆	01
裸电线及裸导体制品	02

续表

名称	分类代码
电力电缆	03
电气装备用电线电缆	04
通信电缆	05
电磁线（绕组线）	06
其他线缆	99

2. 编码示例

下面通过一个示例来了解一下线缆标识后缀中的企业自定义代码是如何生成的。首先要了解一下线缆的物理结构，图2-5展示了电力电缆的基本结构。电力电缆由导体（线芯）、绝缘层、屏蔽层和保护层4个部分组成。

图2-5　电力电缆的基本结构

- 导体（①）是导电部分，用来输送电能，是电力电缆的主要部分。
- 绝缘层（②）用于隔离线芯与大地，以及对不同相线芯的电气隔离，保证电能输送，是电力电缆结构中不可缺少的组成部分。15kV及以上的电力电缆一般都有导体屏蔽层和绝缘屏蔽层。
- 屏蔽层可以屏蔽电流产生的磁场并起到一定的保护作用。
- 保护层包括内护层（③）、铠装层（④）和外护套（⑤）。保护层的作用是保护电力电缆免受外界杂质和水分的侵入，以及防止外力直接损坏电力电缆。

某款电力电缆的企业自定义代码就是由上述①~⑤层的材料及层数决定的，具体代码如表2-6所示。

表2-6　电力电缆的结构属性代码

结构层	名称	代码
① 导体	铜	1
	铝	2
	铁	3
	铜合金	4
	铝合金	5
	特殊合金	6

续表

结构层	名称	代码
② 绝缘层	无绝缘层	00
	聚氯乙烯	01
	聚乙烯	02
	交联聚乙烯	03
	发泡聚乙烯	04
	氟塑料	05
	橡皮	06
	低烟无卤聚烯烃	07
	低烟无卤交联聚烯烃	08
③ 内护层	无内护层	00
	聚氯乙烯	01
	聚乙烯	02
	尼龙护套	03
	铜丝编织屏蔽	04
	铜带屏蔽	05
	棉纱编织涂蜡克	06
	铅包	07
④ 铠装层	无铠装层	0
	双金属带	2
	扁金属丝	3
	圆金属丝	4
	（双）非磁性金属带铠装	5
	非磁性金属丝铠装	6
⑤ 外护套	无外护套	0
	纤维外被	1
	聚氯乙烯	2
	聚乙烯	3
	聚烯烃	4
	弹性体	5

　　有一款铜芯交联聚乙烯绝缘聚氯乙烯护套电力电缆，在进行标识编码时，其标识后缀的生成过程如图 2-6 所示。图中"03"表示一级分类为电力电缆，"02"则表示二级分类为塑料绝缘电缆，参见表 2-7。因为绝缘层交联聚乙烯（Cross-Linked Polyethylene，XLPE）是一种塑料，所以该电力电缆的完整标识后缀可以为 0302.1030002.01001.20220722.12345。

铜芯 交联聚乙烯绝缘 聚氯乙烯护套 电力电缆

铜芯 交联聚乙烯绝缘（无内护层）（无铠装层）聚氯乙烯护套 电力电缆

	①	②	③	④	⑤	03××
0302	1	03	00	1	1	0302

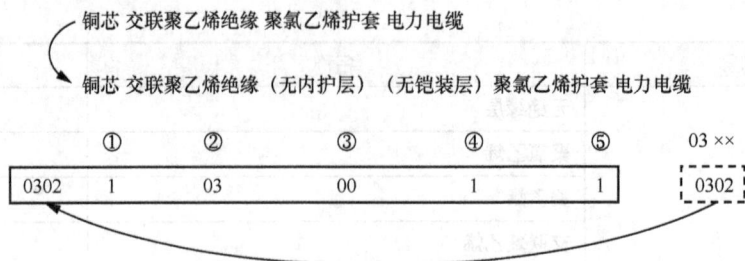

图 2-6　某电力电缆标识后缀的生成过程

表 2-7　电力电缆的二级分类代码

名称	分类代码
黏性浸渍纸绝缘电缆	01
塑料绝缘电缆	02
橡皮绝缘电力电缆	03
自容式充油电缆	04
钢管充油电缆	05
直流电缆	06
压缩空气绝缘电缆	07
低温电缆	08
超导电缆	09
其他电力电缆	99

下面通过一款光缆的练习来巩固一下标识编码的相关知识。常见光缆结构如图 2-7 所示，光缆的二级分类代码参见表 2-8。

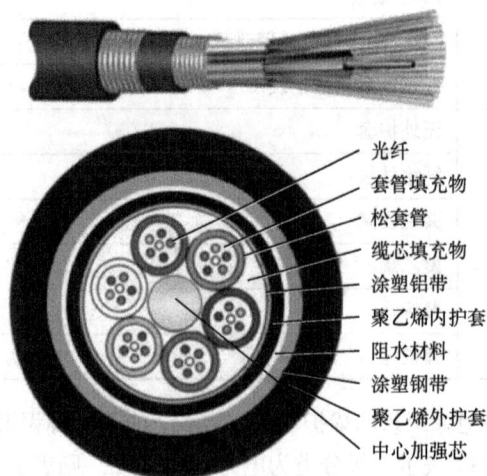

图 2-7　常见光缆结构

某通信用室内外光缆的标识后缀为 0109.2315162002503.01007.20220101.123AB。

请参照上文的线缆标识编码示例，结合表 2-9 将上述光缆标识后缀中的"2315162002503"解析出具体的产品结构和属性。

表 2-8　光缆的二级分类代码

名称	代码
通信用室（野）外光缆	01
通信用微型室外光缆	02
通信用气吹布放微型室外光缆	03
通信用室外路面微槽敷设光缆	04
通信用室外防鼠啮排水管道光缆	05
通信用室（局）内光缆	06
通信用气吹布放微型室内光缆	07
通信用室内蝶形引入光缆	08
通信用室内外光缆	09
通信用室内外蝶形引入光缆	10
通信用海底光缆	11
通信用移动式光缆	12
通信用设备光缆	13
通信用特殊光缆	14
通信用其他光缆	29

注：对于其他行业用线缆，需从"30"开始编码，如煤矿用通信光缆的代号为30。

表 2-9　光缆的结构属性代码

结构	属性	名称	代码
① 加强构件	金属		1
	非金属		2
② 结构特征	缆芯光纤	分立式光纤结构	01
		光纤带结构	02
	二次被覆	光纤松套被覆结构或无被覆结构	31
		光纤紧套被覆结构	32
		光纤束结构	33
	松套管材料	塑料松套管或无松套管	41
		金属松套管	42
	缆芯结构	层绞结构	51
		骨架槽结构	52
		中心管结构	53
	阻水结构	全干式或半干式	61
		填充式	62
	承载结构	非自承式结构	71
		自承式结构	72
	吊线材料	金属加强吊线或无吊线	81
		非金属加强吊线	82

结构	属性	名称	代码
② 结构特征	截面形状	圆形	91
		"8"字形	92
		扁平形	93
		椭圆形	94
③ 护套	护套阻燃性	非阻燃材料护套	0
		阻燃材料护套	1
	护套材料和结构	聚乙烯护套	01
		铝-聚乙烯粘接护套（简称 A 护套）	02
		钢-聚乙烯粘接护套（简称 S 护套）	03
		非金属纤维增强-聚乙烯粘接护套	04
		夹带钢丝的钢-聚乙烯粘接护套（简称 W 护套）	05
		铝护套	06
		钢护套	07
		聚氯乙烯护套	08
		聚氨酯护套	09
		低烟无卤护套	10

注：08、09 和 10 护套具有阻燃特性，必须在前面加"1."，如"1.08"。

④ 铠装层	无铠装层	00
	钢管	10
	绕包双钢带	20
	单细圆钢丝	30
	双细圆钢丝	33
	单粗圆钢丝	40
	双粗圆钢丝	44
	皱纹钢带	50
	非金属丝	60
	非金属带	70

注：细圆钢丝的直径＜3.0mm；粗圆钢丝的直径≥3.0mm。

⑤ 外被层	无外被层	0
	纤维外被	1
	聚氯乙烯套	2
	聚乙烯套	3
	聚乙烯套加覆尼龙套	4
	聚乙烯保护管	5
	阻燃聚乙烯套	6
	尼龙套加覆聚乙烯套	7

只要掌握了线缆行业的标识编码规范，就能快速将这些规范迁移到其他行业产品的标识编码上。目前已有集装箱、船舶、汽车零部件、家用电器、石油、肥料、摩托车零部件等行业制定并发布了工业互联网标识解析标识编码规范，具体可查看工业互联网产业联盟发布的相关标准。

【项目实施】

2.4　二级节点业务管理

在 2.3.2 小节中提到过工业互联网标识前缀由国家代码、行业代码、企业代码组成，用于唯一标识企业主体；企业想要使用工业互联网标识解析相关服务，要先完成企业前缀的注册，而企业前缀的注册是在工业互联网标识解析二级节点业务管理系统上完成的。

2.4.1　标识节点系统

1.　国家顶级节点标识查询系统

工业互联网标识解析国家顶级节点是面向一个国家或地区提供顶级标识解析服务，以及标识备案、标识认证等管理服务的公共节点。国家顶级节点与二级节点对接，提供数据同步、运行监测和应急接管等功能。

工业互联网标识解析国家顶级节点标识查询系统是我国国家顶级节点的标识查询系统，目前可提供工业互联网标识查询的功能，标识查询页面如图 2-8 所示。

图 2-8　国家顶级节点标识查询页面

2. 二级节点业务管理系统

工业互联网标识解析二级节点是面向特定行业或者多个行业提供标识服务的公共节点。二级节点既要向上与国家顶级节点对接，又要向下为企业节点分配标识编码及提供标识注册、标识解析、标识数据服务等。工业互联网标识解析二级节点的建设与发展十分迅速，截至 2023 年 3 月，全国上线二级节点超过 265 个，分布 31 个省（自治区、直辖市）。

国家工业互联网标识解析二级节点（福州）是由福州市电子信息集团有限公司建设和运营的二级节点，目前可提供工业互联网标识注册、标识解析、标识查询、业务管理、数据管理、运行监测等功能，二级节点业务管理系统主页如图 2-9 所示。

图 2-9　二级节点业务管理系统主页

登录系统，进入二级节点业务管理系统首页。在首页中，可以查看当前企业注册的标识总量、标识存量、代理服务器的配置、标识统计等信息，如图 2-10 所示。

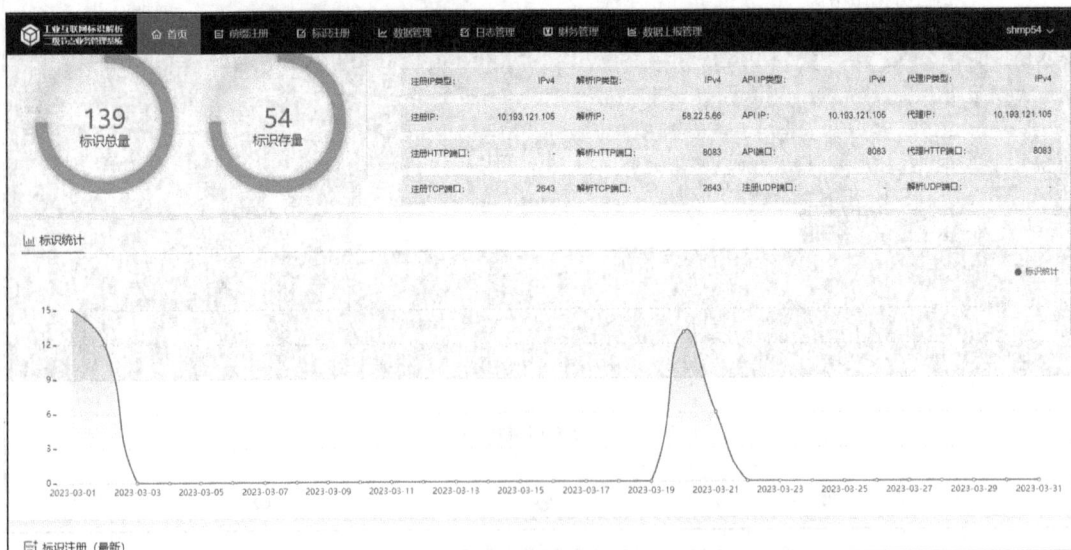

图 2-10　二级节点业务管理系统首页

在"前缀注册"页面中，可以进行企业标识前缀申请、前缀配置、托管申请，查看产品信息及变更历史，如图 2-11 所示。

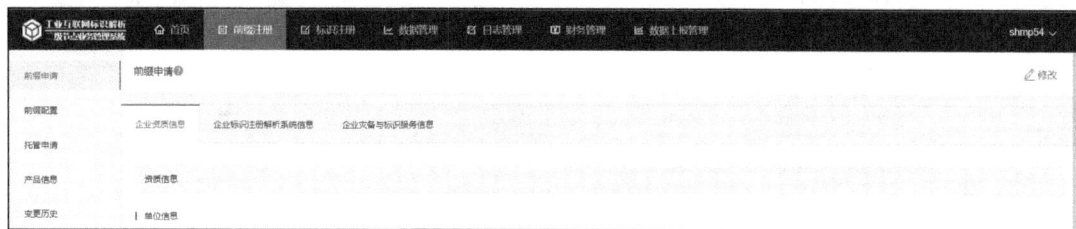

图 2-11　"前缀注册"页面

在"标识注册"页面中，可以进行托管标识注册（标识注册、标识更新、标识删除）、数据模板配置，如图 2-12 所示。

图 2-12　"标识注册"页面

在"数据管理"页面中，可以查看申请记录、标识注册量、标识解析量等信息，如图 2-13 所示。

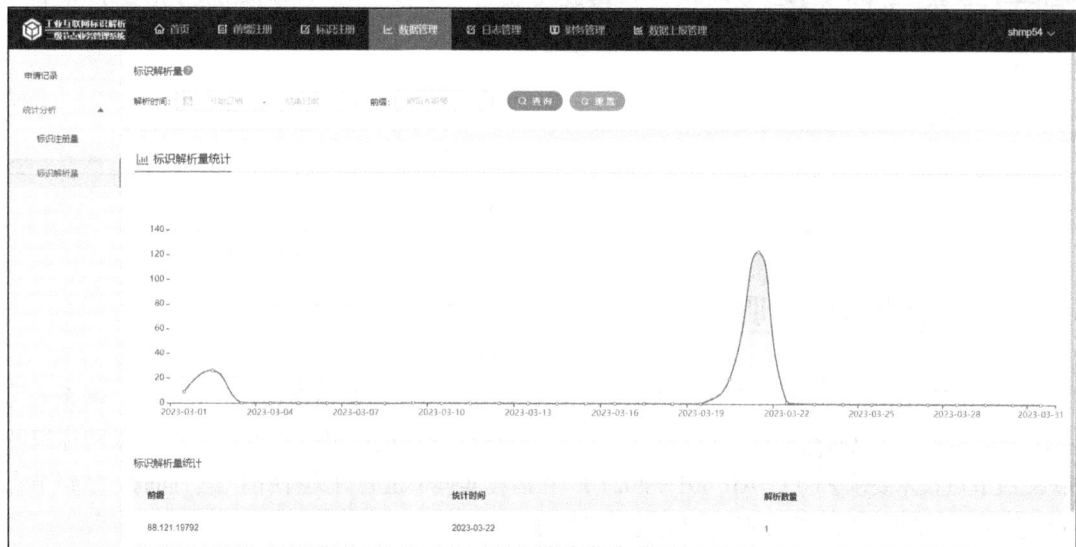

图 2-13　"数据管理"页面

二级节点业务管理系统还提供"日志管理"（见图 2-14）、"财务管理"（见图 2-15）、"数据上报管理"（见图 2-16）等页面，可在对应页面上完成日志、财务、数据上报等的管理，这里不再进行详细说明。

图 2-14　"日志管理" 页面

图 2-15　"财务管理" 页面

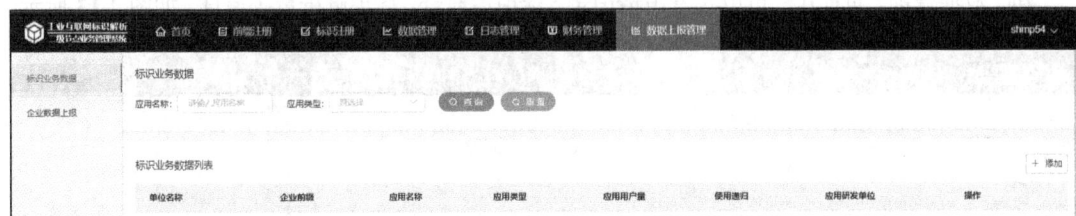

图 2-16　"数据上报管理" 页面

2.4.2　企业前级注册

企业节点向二级节点提交企业注册信息，包括企业责任主体基本信息、所属行业、联系人等注册主体数据，以及解析路由等解析记录数据，具体标识数据项可以查看《工业互联网标识解析 二级节点技术要求》（T11/AII 001—2021），在后续实操中也会对其有所了解。同时，二级节点将企业注册信息提交给标识注册管理机构（见图 1-5）。

任务情境及目标	某电缆公司希望申请成为工业互联网标识解析企业节点，通过产品标识注册管理系统实现供应链信息共享
工具	工业互联网标识解析二级节点业务管理系统
准备材料	企业注册信息

（1）进入二级节点业务管理系统，先注册企业用户再登录，如图 2-17 所示。

图 2-17　企业用户注册/登录页面

（2）作为企业用户，可以自建智能分布式标识系统（Intelligent Distributed Identifier System，IDIS）企业版；或者申请托管，由二级节点负责架设 IDIS 企业版，如图 2-18 所示。这里选择"托管 IDIS"。

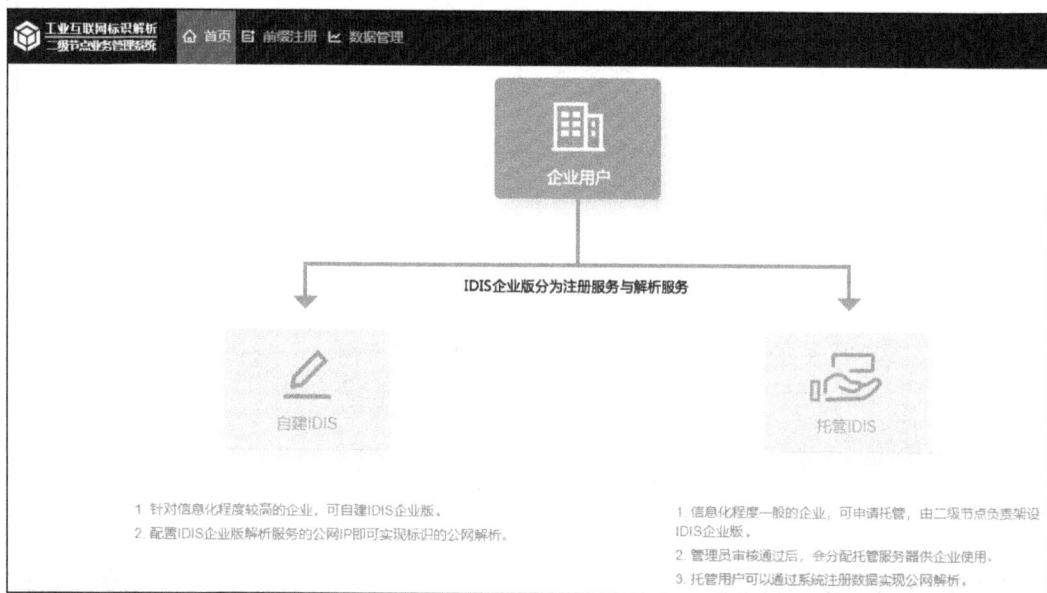

图 2-18　选择企业版 IDIS

（3）单击菜单栏中的"前缀注册"，进入"前缀申请"页面，如图 2-19 所示，在其中填写"企业资质信息"中的所有必需数据项。

（4）完成前缀申请并通过审核后，可以看到菜单栏中出现了其他选项，如图 2-20 所示。当企业信息出现变更时，可以通过"修改"及时修改信息。

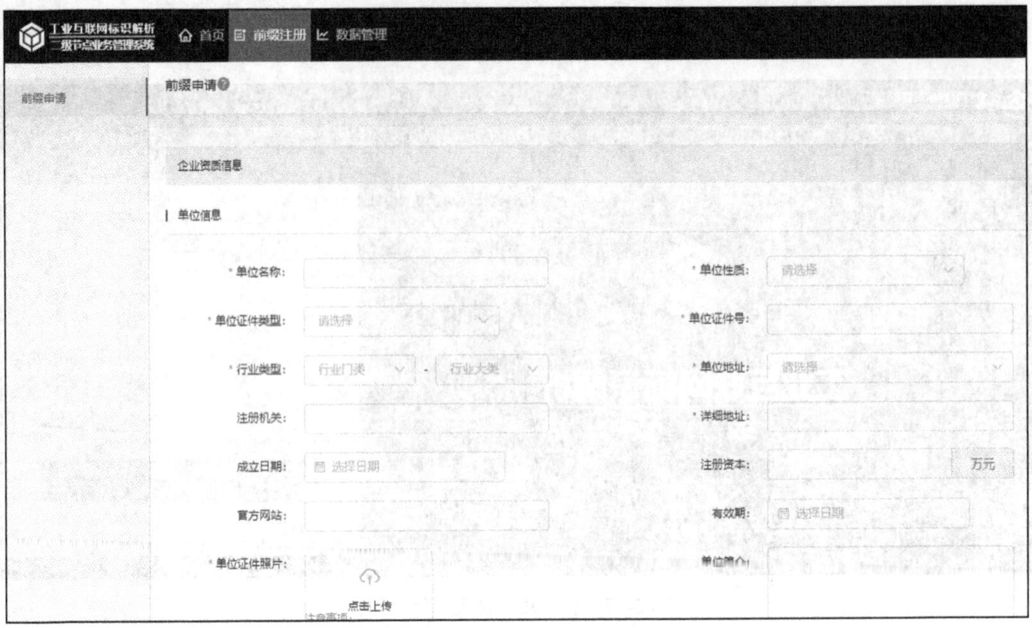

图 2-19　填写"企业资质信息"中的所有必需数据项

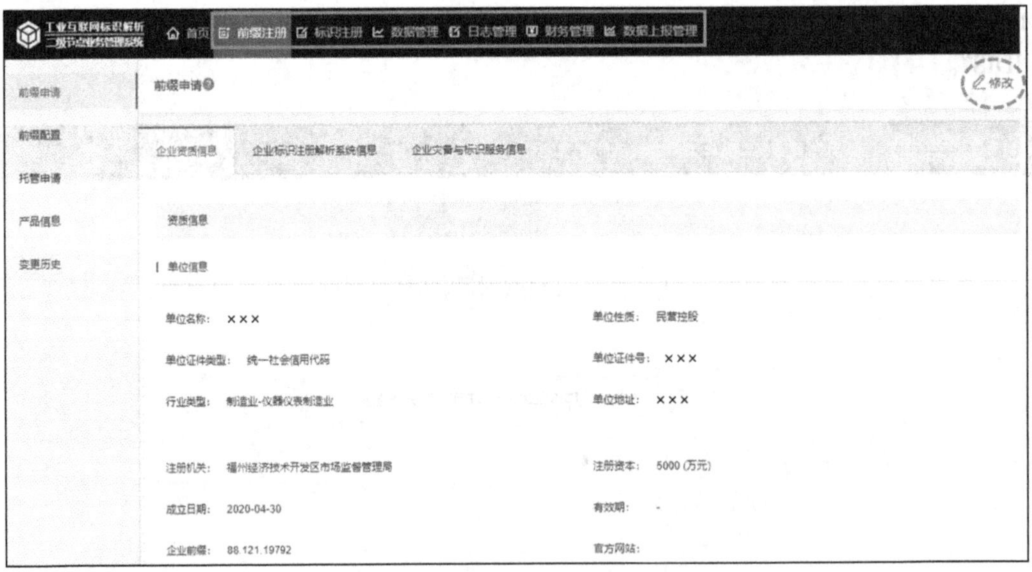

图 2-20　企业完成前缀申请并通过审核后的管理页面

2.4.3　产品标识注册

微课

产品标识注册

在给单个产品注册标识之前，可以先制作一类产品的数据模板，以便后续直接调用数据模板进行标识注册。

1．线缆数据模板制作

（1）进入"标识注册"页面，单击左侧的"数据模板"选项，再单击右侧的"+添加"按钮，添加数据模板，如图 2-21 所示。

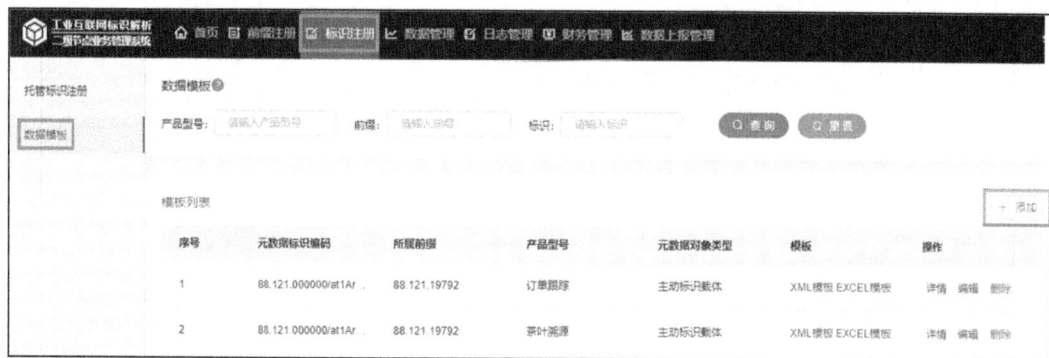

图 2-21　添加数据模板

（2）在"新增模板"界面中，可以在打开的下拉列表框中选择数据模板的内容，如图 2-22 所示。

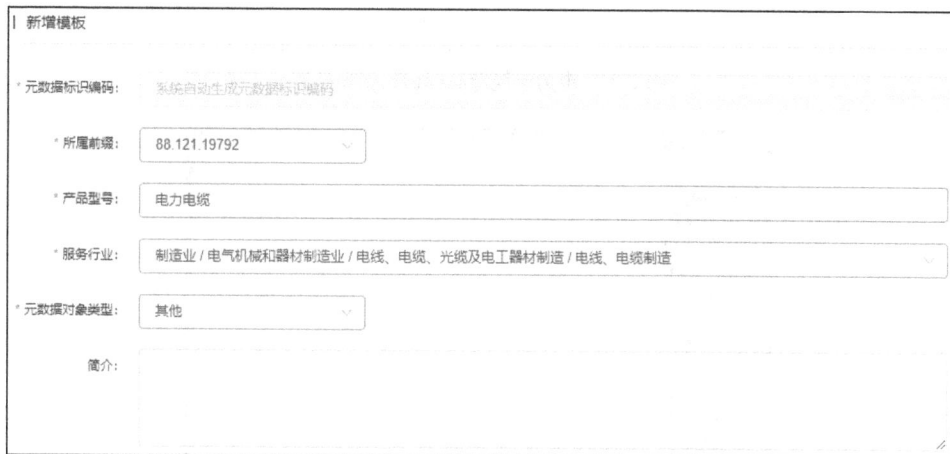

图 2-22　新增模板

界面配置说明如下。

"所属前缀"：企业的标识前缀，可以在下拉列表框中选择。

"产品型号"：相当于产品的类型，这里可以关联具体的产品类型，如"电力电缆"。

"服务行业"：设定产品所属的服务行业，可以在下拉列表框中选择。

"元数据对象类型"：根据标识载体的类型，可以设定为"主动标识载体"或"其他"。

（3）对于具体数据项，各个企业可以根据实际情况进行设计（例如使用现有生产系统中标记的数据项，便于数据采集及与接口对接）。图 2-23 列出了几类常见的电力电缆产品标识数据项。

通过"添加一行"，可以自行创建一行数据项，如图 2-24 所示。

"创建一行"对话框配置说明如下。

"中文名称"：数据项的中文名称，必填项。

"英文名称"：数据项的英文名称，必填项。

"数据类型"：目前只能选择字符串。

"最小长度""最大长度"：长度的范围为 0～65535，这里可以设置最小长度为 0、最大长度为 65535。

添加一行

中文名称	英文名称	数据类型	操作
产品名称	productName	字符串	修改 删除
产品类型	productType	字符串	修改 删除
产品品牌	productBrand	字符串	修改 删除
厂商全称	manuFullName	字符串	修改 删除
生产日期	productDate	字符串	修改 删除
产品有效期时间	prodExpDate	字符串	修改 删除
生产产线	productLine	字符串	修改 删除
产品终检检验员	prodFinCheck	字符串	修改 删除

取消 保存

图 2-23　电力电缆产品标识数据项举例

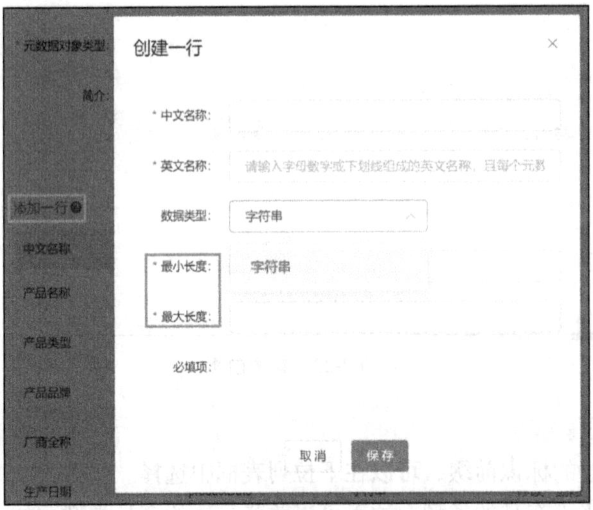

图 2-24 “创建一行”对话框

（4）完成图 2-23 中的配置，单击“保存”按钮退出，在模板列表中可以看到新增的数据模板，如图 2-25 所示，可以导出对应的 XML 模板或 Excel 模板，也可以继续完成产品标识注册。

模板列表　　+ 添加

序号	元数据标识编码	所属前缀	产品型号	元数据对象类型	模板	操作
1	88.121.000000/at1Ar…	88.121.19792	电力电缆	其他	XML模板 Excel模板	详情 编辑 删除
2	88.121.000000/at1Ar…	88.121.19792	订单跟踪	主动标识载体	XML模板 Excel模板	详情 编辑 删除
3	88.121.000000/at1Ar…	88.121.19792	茶叶溯源	主动标识载体	XML模板 Excel模板	详情 编辑 删除

图 2-25　模板列表

2．线缆产品标识注册

下面进行线缆产品标识注册。

（1）在"标识注册"页面中，单击左侧的"托管标识注册"选项，进入"托管标识注册"页面。在该页面中，可以使用"添加"的方式给单个产品进行标识注册，也可以使用"导入"的方式批量为多个（最多为 500 个）产品进行标识注册，如图 2-26 所示。

图 2-26　给单个产品或多个产品进行标识注册

下面为单个产品新增标识。

（2）单击"+添加"按钮后进入"标识新增"页面，如图 2-27 所示。

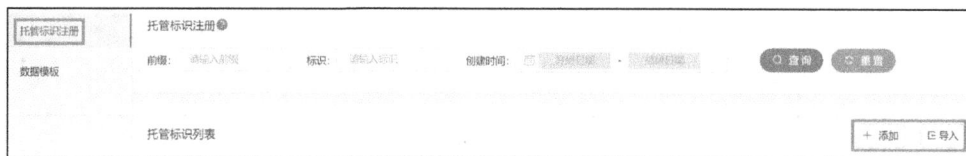

图 2-27　"标识新增"页面

"标识新增"页面配置说明如下。

"前缀"：企业的标识前缀，可以在下拉列表框中选择，必填项。

"标识"：产品的标识编码，必填项。由于标识编码具有唯一性，为避免标识编码重复，根据《工业互联网标识解析 线缆 标识编码规范》（T11/AII 012—2021），定义表 2-10 所示的线缆标识新增编码规则。

表 2-10　线缆标识新增编码规则

标识规则	企业前缀+基础分类代码+企业自定义代码+生产代码+生产日期代码+产品随机代码
示例	88.121.19792/0302.1030002.01001.20220722.12345

"元数据模板"：数据模板，必填项。选择不同的数据模板，会加载数据模板中设置好的数据

项，可以根据实际情况进行填写。

（3）单击"标识新增"页面的"保存"按钮，完成标识的新增，在"托管标识列表"中，可以看到新增成功的标识记录，如图 2-28 所示，其类型为"创建"，解析状态为"待同步"，同步信息为空，表示该条产品标识还未同步到国家顶级节点。

图 2-28　新增成功的标识记录

（4）等待一会儿，刷新界面，可以看到同步成功的标识记录，如图 2-29 所示，此时解析状态为"已同步"，同步信息为"同步成功"。

图 2-29　同步成功的标识记录

（5）进入工业互联网标识解析国家顶级节点标识查询系统，将前面注册的产品标识编码复制到标识编码文本框中，单击"搜索"按钮，页面中将显示产品标识解析的详细信息，如图 2-30 所示。

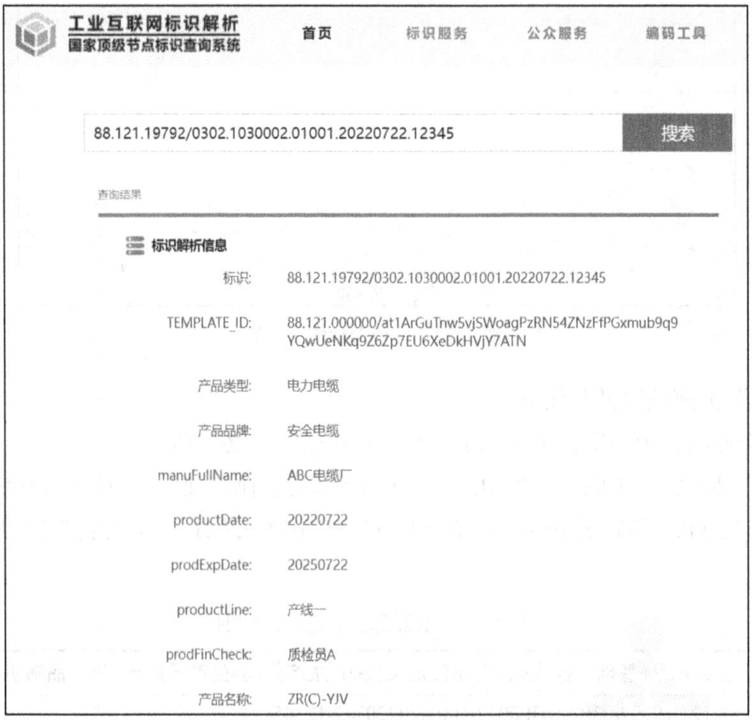

图 2-30　产品标识解析的详细信息

3. 线缆标识更新、删除

在二级节点业务管理系统上，可以进行标识的更新与删除。

（1）进入"托管标识注册"页面，在"托管标识列表"中，可以看到已经注册的所有标识，如图 2-31 所示。在右侧的"操作"列中可以看到"详情""编辑""删除"选项。单击"详情"选项用于查看标识的详细信息，单击"编辑"选项用于对标识的信息进行更新，单击"删除"选项用于对标识进行删除。

图 2-31　托管标识列表

（2）选中前面注册的线缆标识，单击"编辑"选项，进入"标识数据修改"页面，可以在其中对线缆标识的信息进行修改和更新，如将产品的名称修改为"ZR(C)-YJV-1"，如图 2-32 所示。

图 2-32　修改产品的名称

从该页面中可以发现，标识更新只能修改标识的数据信息，不能修改标识编码，即标识一旦注册，其编码就是唯一的。

（3）单击"保存"按钮，完成标识信息的修改和更新。等待标识信息同步到国家顶级节点，刷新页面，可以看到标识的"类型"由一开始的"创建"变为"更新"，这表示该标识信息修改并更新过，如图 2-33 所示。

序号	前缀	标识	类型	解析状态	同步信息	创建时间	更新时间	操作
1	88.121.19792	88.121.19792/0302.1030 002.01001.20220722.12 345	更新	已同步	同步成功	2023-03-20 14:18:47	2023-03-22 14:04:12	详情 编辑 删除

图 2-33　标识的类型变为"更新"

（4）如果需要删除某条标识，可以选中该标识，单击"删除"选项，在弹出的"删除确认"对话框中，在确认信息后，单击"删除"按钮，删除标识，如图 2-34 所示。

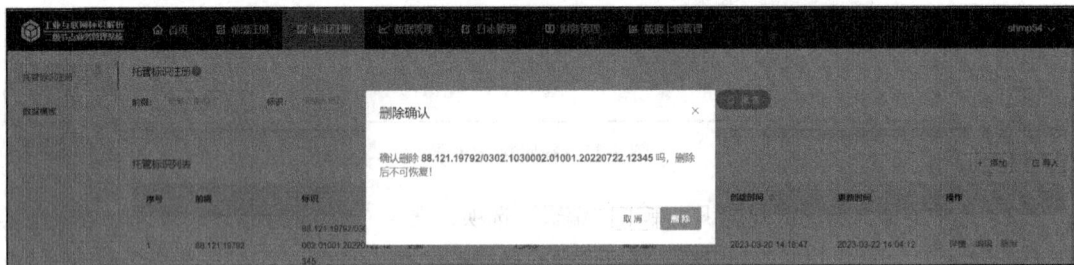

图 2-34　删除标识

（5）删除成功，此时标识的"解析状态"变为"待删除"，如图 2-35 所示。等待标识删除信息同步到国家顶级节点，刷新界面，可以发现标识已被删除，并且在工业互联网标识解析国家顶级节点标识查询系统中无法查询到该标识的相关信息。

序号	前缀	标识	类型	解析状态	同步信息	创建时间	更新时间	操作
1	88.121.19792	88.121.19792/0302.1030 002.01001.20220722.12 345	删除	待删除		2023-03-20 14:18:47	2023-03-22 14:04:12	详情 编辑 删除

图 2-35　标识的"解析状态"变为"待删除"

abc 拓展　当一条标识被删除之后，是否可以注册一条一样的标识呢？请根据前面的内容试验一下。

【项目小结】

本项目结合标识解析二级节点的理论学习与项目实施，帮助读者掌握标识编码的规范制定，并介绍了如何使用二级节点业务管理系统进行产品的标识注册、标识更新、标识删除等。项目小结思维导图如图 2-36 所示。

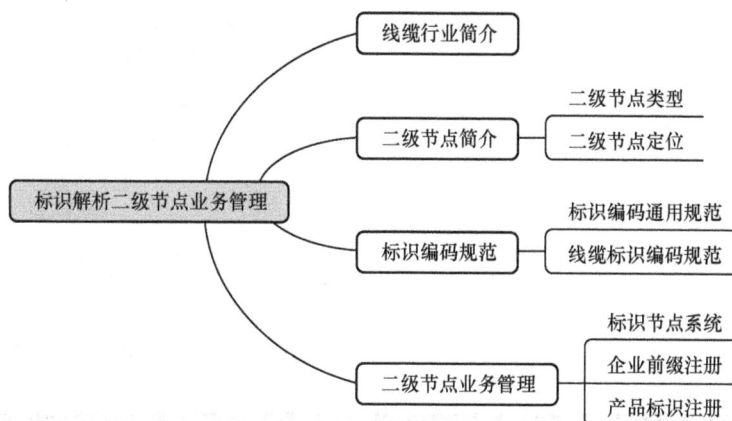

图 2-36　项目小结思维导图

【思考与练习】

（1）简述二级节点的功能与应用。

（2）参考汽车零部件的标识编码规范，制定某一汽车零部件的标识编码。

（3）在二级节点业务管理系统上，对（2）中的汽车零部件进行标识注册。

项目3
标识标签的制作与识别

【案例引入】

随着工业互联网标识解析技术的不断发展，越来越多的企业开始将其应用于生产和管理中。在工业互联网标识应用中，标识标签的制作与识别是非常重要的一环。企业通过一维条码、二维码和 RFID 芯片，实现设备的远程识别和数据采集。当某设备出现故障时，运维人员可以通过读取标签上的条码所包含的信息或读取 RFID 芯片中的信息，快速定位该设备的位置和故障原因，提高故障排除的效率。同时，可以通过对设备数据的分析和挖掘，优化生产流程，提高生产效率和产品质量，为企业的生产和管理带来更多的价值。

【职业能力目标】

- 能根据二维码标识标签的制作步骤，完成特定产品的二维码标识标签的制作与识别。
- 能根据 RFID 标识标签的制作步骤，完成特定产品的 RFID 标识标签的制作与识别。

【学习目标】

- 熟悉标识载体的概念和分类。
- 理解条码和 RFID 的工作原理。
- 能够制作条码和 RFID 标识标签并使用相应读写设备正确识别标签。

【知识链接】

3.1　标识载体

1.2.1 小节介绍标识解析的基本概念时，提到过"标识载体"，它是指能够承载标识编码的标签或存储装置。根据标识载体是否能够主动与标识数据的读写设备、标识解析服务节点、标识数据应用平台等发生通信交互，标识载体可分为主动标识载体（Active Identifier Carrier）和被动标识载体（Passive Identifier Carrier）。表 3-1 从标识载体在设备产品上的位置、读写方式、安全性能、实时性、成本和载体常见类型 6 个方面对被动标识载体和主动标识载体进行比较。

表 3-1　被动标识载体和主动标识载体对比

主要特征	被动标识载体	主动标识载体
在设备产品上的位置	附着在设备产品表面	嵌入设备内部，不容易被盗取
读写方式	需依赖读写器向标识解析服务器发起标识解析请求	能够主动向标识解析服务器发起标识解析请求
安全性能	安全性能较弱，缺乏证书、算法和密钥等所需的必要安全性能	安全性能强，具有安全区域存储必要的证书、算法和密钥等
实时性	非实时联网	可以实时联网
成本	成本低	成本较高
载体常见类型	条码、RFID、近场通信（Near Field Communication，NFC）等 条码标签　RFID标签　NFC标签	通用集成电路卡（UICC）、终端、微控制单元（Multipoint Control Unit，MCU）、通信模组等 UICC　终端 MCU　通信模组

主动标识载体是新型的工业互联网标识载体，目前尚未有比较成熟的商用产品。随着通信技术设施和工业的发展，具有广域网络覆盖能力、良好安全能力以及具有智能化基础的主动标识载体将是标识载体的发展方向。

主动标识载体的主要能力如下。

- 主动建立网络连接通道的能力，以及承载工业互联网标识编码及其必要的身份凭证和安全算法的能力。
- 支持主动标识载体安全认证服务平台的标识管理，能够根据平台的要求写入、修改、删除、查询、存储工业互联网标识。
- 支持主动标识载体安全认证服务平台的身份凭证管理，能够根据平台的要求写入、修改、删除、存储身份凭证。

● 支持主动标识载体安全认证服务平台的身份认证。

近年来，政府主管部门高度重视主动标识载体的应用发展，相继出台了一系列政策推进主动标识载体应用的规模化发展。

2021 年 1 月，工业和信息化部印发了《工业互联网创新发展行动计划（2021—2023 年）》，明确了 2021—2023 年推进工业互联网创新发展的总体要求、重点任务和保障措施，其中在主动标识载体技术与应用方面提出了"加快主动标识载体规模化部署，推进工业设备和产品加标识。增强标识读写适配能力，推动标识在公共领域应用"，并且明确了"推动主动标识载体规模部署。面向汽车、船舶、仪器仪表等重点领域，加快推动基于 5G、窄带物联网（NB-IoT）等技术的主动标识载体规模化应用，部署不少于 3000 万枚，建设各类主动标识载体可信管理平台"。

在工业和信息化部的指导与各地方政府的支持推动下，我国工业互联网标识解析体系建设已步入快车道。其中，主动标识载体技术作为产业界与学术界针对工业互联网标识解析技术的创新探索获得广泛关注。由此，工业互联网产业联盟相继发布了一系列标准文件：《工业互联网标识解析 主动标识载体 总体技术框架》《工业互联网标识解析 主动标识载体 安全芯片技术要求》《工业互联网标识解析 主动标识载体 通用集成电路卡技术要求》《工业互联网标识解析 主动标识载体 通信模组技术要求》《工业互联网标识解析 主动标识载体 安全认证技术要求》，推动主动标识载体的规模化落地应用，为参与企业提供主动标识载体应用新思路，为标识解析体系与主动标识载体在企业内应用发展提供参考和指引。

相比之下，被动标识载体常见于各种民用及工业场景。本项目将介绍如何制作两种常见被动标识载体标签，并通过简单的脚本程序驱动对应读写设备识别标签。

3.2 实训平台介绍

微课

实训平台介绍

在正式讲解标识标签制作之前，先来介绍一下实训平台。图 3-1 所示为工业互联网标识解析实训平台（简称实训平台）。

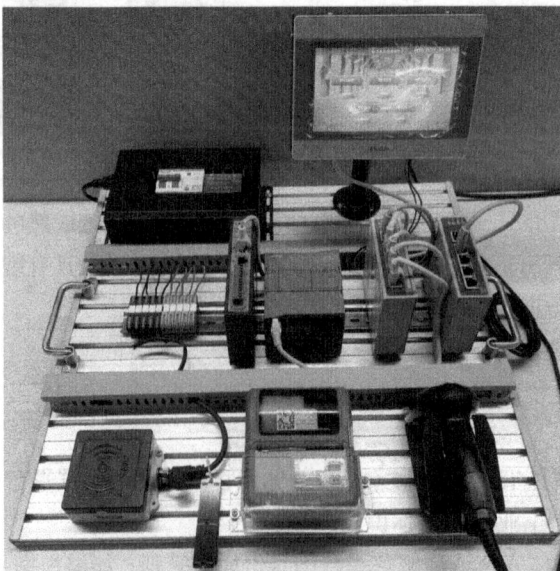

图 3-1　工业互联网标识解析实训平台

3.2.1　硬件组成

1.　扫码枪、条码打印机

扫码枪，又称条码扫描器，是用于读取条码所包含的信息的阅读设备。它利用光学原理，把条码的内容解码后通过数据线或者无线的方式传输到计算机或别的设备上。扫码枪广泛应用于商超收银，以及工业生产、医疗、物流快递等领域。实训平台使用的扫码枪如图 3-2 所示。

条码打印机是一种专用的打印机，可以打印品牌标识、序列号标识、包装标识、条码标识、信封标签、服装吊牌等。实训平台使用的条码打印机如图 3-3 所示。

图 3-2　扫码枪

图 3-3　条码打印机

2.　HMI

人机界面（Human-Machine Interface，HMI），又称用户界面，是人与计算机之间传递、交换信息的媒介和对话接口。HMI 大量运用在工业生产中，可以分为输入和输出两种形式。输入是指由操作人员对设备进行的操作，如启动、停止和参数输入等；输出是指设备发出信息的显示，如故障、警告、操作说明和提示等。通常把有触摸输入功能的 HMI 称为触摸屏。实训平台使用的触摸屏如图 3-4 所示。

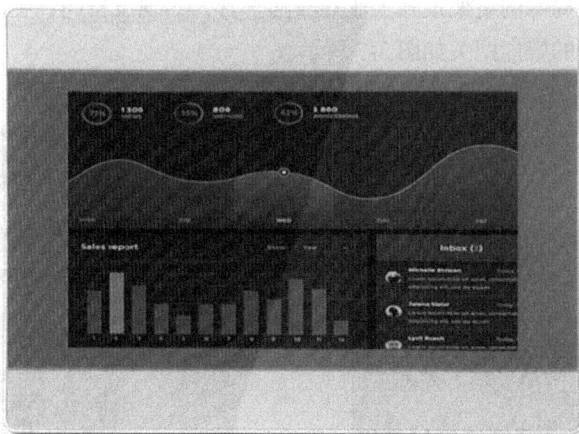

图 3-4　触摸屏

3.　PLC

S7-1200 是一款紧凑型、模块化的可编程逻辑控制器（Programmable Logic Controller，PLC），可完成简单逻辑控制、高级逻辑控制、触摸屏和网络通信等任务，具有支持小型运动控制系统、过程控制系统的高级应用功能,是单机小型自动化系统较为理想的解决方案。实训平台使用的PLC如图3-5所示。

图 3-5 PLC

4. RFID 读写器

射频识别（Radio Frequency Identification，RFID）读写器具有易安装、防摔、防撞、识别距离可调等特点，支持 Modbus TCP/RTU 协议，兼容目前主流 PLC，广泛应用于生产线跟踪、自动导引车（Automated Guided Vehicle，AGV）定位、物流分拣、自动控制等场景。实训平台使用的RFID 读写器如图3-6所示。

5. 智能网关

智能网关作为工业互联网的核心通信设备，其亮点在于：它解决了绝大多数工厂及生产设备在多协议通信上的问题，为工业互联网的实现提供强有力的网络通信支持。智能网关将各类传感器、执行器与模拟量、数字量输入/输出（Input/Output，I/O）模块组成一个局部网络，通过以太网或无线网络接口将该局部网络架设到工业互联网平台，实现设备间、生产线间以及工厂间的通信组网。实训平台使用的智能网关如图3-7所示。

图 3-6 RFID 读写器

图 3-7 智能网关

如果对上面提到的智能网关不熟悉，可以通过生活中常见的一种物联网网关——智能音箱来理解。作为智能家居中必不可少的一类设备，智能音箱不仅是人机互动的入口——通过语音下发控制指令并进行语音回复，还起到网关的作用。以小米智能音箱为例，其内部有蓝牙 Mesh 网关，可连接米家所有蓝牙设备，如人体传感器、温湿度传感器、空调伴侣、门窗传感器等，从而采集这些设备的实时数据；同时智能音箱接入Wi-Fi 以连接互联网，将数据上传到小米物联网（Internet of Things，IoT）平台，这样就可以通过米家 App 远程查看家里相关设备的情况。

拓展 abc

如图 3-8 所示，智能音箱内置蓝牙网关，只能连接蓝牙设备，也就是只能收发通过蓝牙协议传输的数据。而图 3-7 中的工业智能网关更加"智能"，它可以转换多种协议，同时它使用有线连接方式，更符合工业现场稳定、安全、可靠的网络要求。

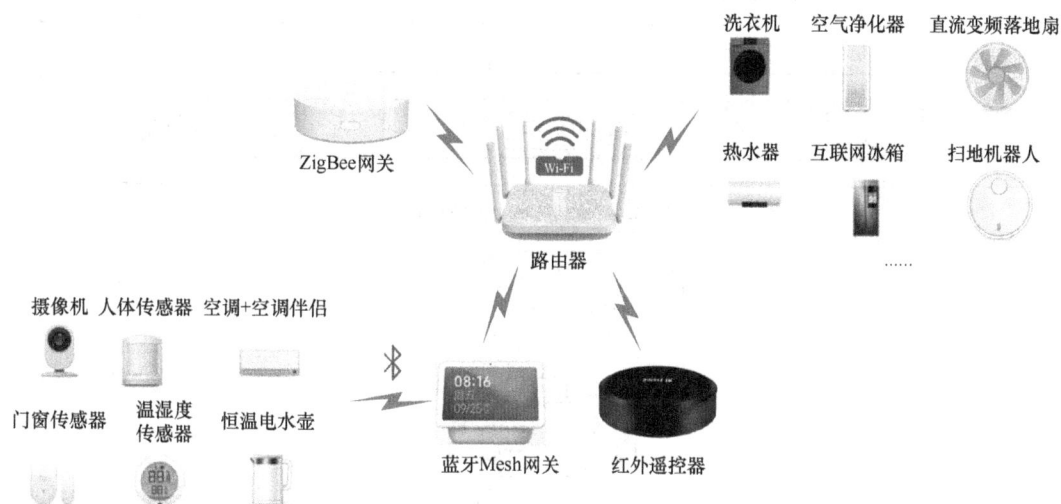

图 3-8　米家智能设备组网举例

3.2.2　实训平台架构

了解完设备的基本信息后，再来看看如何让这些设备（扫码枪、条码打印机、触摸屏、PLC、RFID 读写器和智能网关）实现各自的功能。

图 3-9 所示的是实训平台功能架构。设备层包含扫码枪、条码打印机、RFID 读写器、HMI、PLC、智能网关、工业路由器、工业以太网交换机等；标识应用层包含二级节点业务管理系统、条码标识标签制作与识别、RFID 标识标签制作与识别、标识接口应用等；标识平台层包含茶叶溯源创新应用及订单跟踪创新应用。依托实训平台，读者可以通过标识编码规范设计原则、线缆标识编码规范解读理解工业互联网标识编码应用，并在二级节点业务管理系统中进行企业前缀注册、数据模板制作、产品标识注册、标识查询等应用。通过条码、RFID 等标识标签的制作与识别，学习并掌握标识载体的应用。最后，通过工业互联网标识应用接口测试、开发，完成茶叶溯源、订单跟踪的标识创新应用综合案例开发。

图 3-10 所示的是实训平台网络架构。HMI、PLC、RFID 读写器和智能网关分别接入工业以

太网交换机的 4 个 LAN 口，工业以太网交换机的另一个 LAN 口与工业路由器的 LAN 1 口相连，而工业路由器的 LAN 2 口与个人计算机（Personal Computer，PC）相连，所有设备均在同一局域网（192.168.1.×）中。扫码枪通过通用串行总线（Universal Serial Bus，USB）与 HMI（或 PC）连接，进行条码识别时，可以将标识信息显示在 HMI（或 PC）上。条码打印机通过 USB 与 PC 连接，制作并打印条码标识。

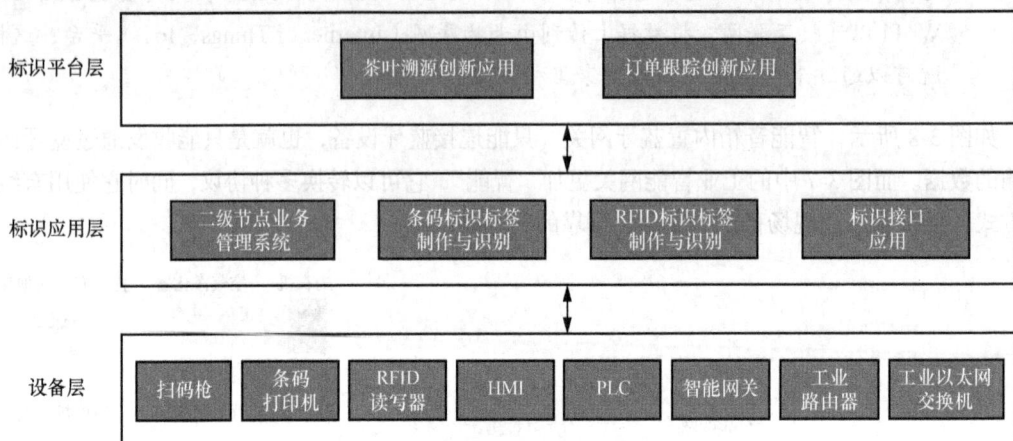

图 3-9　实训平台功能架构

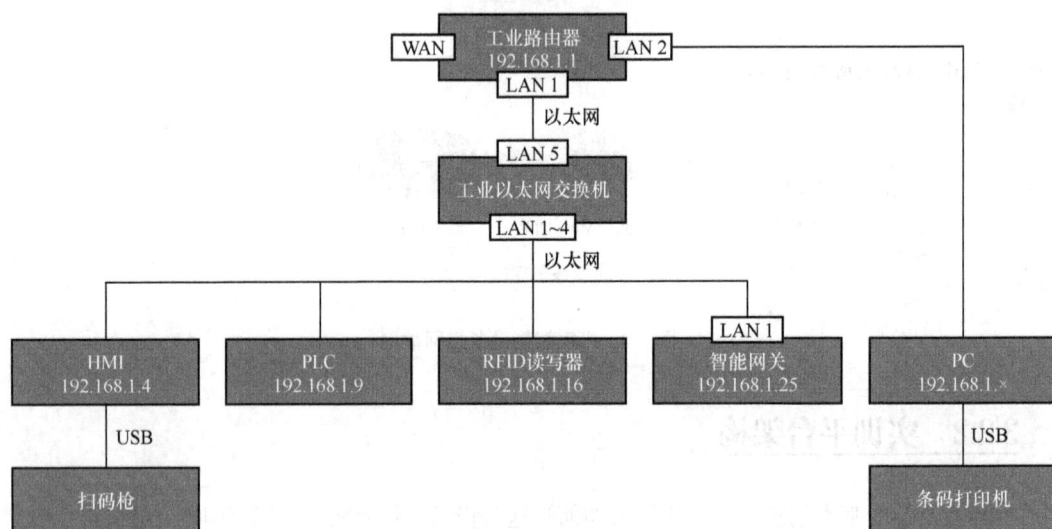

图 3-10　实训平台网络架构

【项目实施】

3.3　条码标识标签

> 条码技术是自动识别与数据采集技术中最典型和普及程度最高的应用技术之一。举例说
> 讨论　明条码技术的主要应用场景。

3.3.1 条码技术概述

1. 条码简介

条码（Bar Code）是由一组规则排列的条、空组成的符号，可供机器识读，用以表示一定的信息。条码包括一维条码和二维条码。一维条码（One-Dimensional Bar Code），又称为线性条码（Linear Bar Code），是指仅在一个维度方向上表示信息的条码符号；二维条码（Two-Dimensional Bar Code），又称为二维码（Two-Dimensional Code），是指在两个维度方向上表示信息的条码符号。典型的一维条码结构如图 3-11 所示。

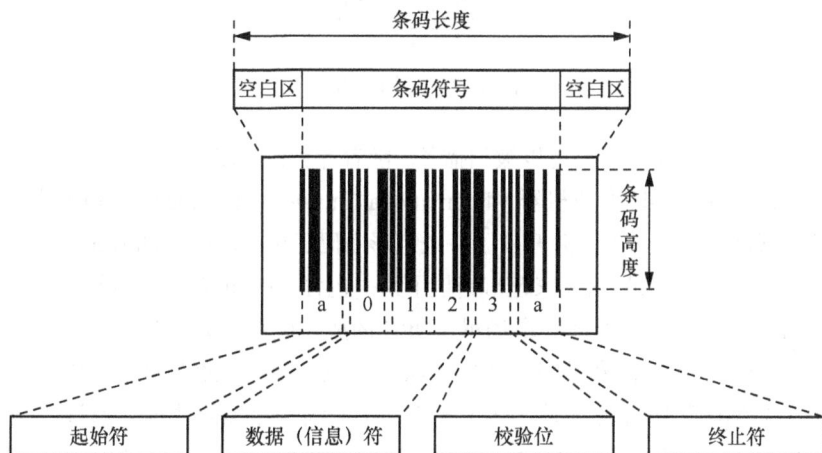

图 3-11 典型的一维条码结构

- 起始符：一组特定的条码，一般位于完整条码的头部。阅读时，首先扫过起始符，表示该组条码开始读入。起始符可以避免连续阅读时几组条码混淆，或者由于阅读不当丢失前面的条码。
- 数据（信息）符：紧接起始符，用来表示一定的数据。它是条码的核心，是条码所要传递的主要信息。
- 校验位：紧接数据（信息）符，它通过对数据符进行一种算术运算，对所译出的条码进行校验，以确认所阅读信息的正确性。
- 终止符：其作用与起始符作用类似，但它是条码终止的标志。
- 头、尾空白区：用于保证扫码枪的光束到达第一个条纹之前能够达到较稳定的速度，存在于黑白相间条纹的头部与尾部的空白区域。

条码的历史可以追溯至 1948 年。当年美国一家超市的经理希望德雷克塞尔大学理工学院的院长能够发明一种系统，该系统可以在结账时自动读取产品信息，研究生西尔弗碰巧听到这一要求，于是他和前校友伍德兰立即开始了研究。

1949 年，伍德兰从摩斯电码中汲取灵感，以线的形式进行编码，做出了第一个现代意义上的条码，并于 1952 年获得专利。这个条码没有使用矩形，而是使用了同心圆，因为伍德兰认为同心圆的设计比矩形更实用，它可以接受任何方向的扫描，这就产生了公牛眼（Bullseye）代码（见图 3-12）。

存储信息的载体被发明了，但是信息如何被识别并传输到系统呢？当时，既没有扫描仪器，也没有微型计算机来解释信息，技术还跟不上。

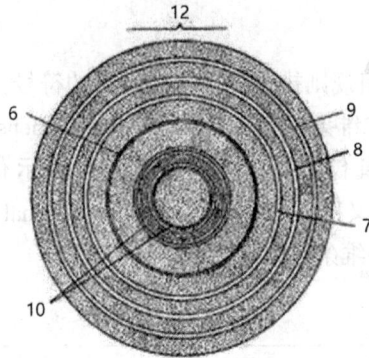

图 3-12　公牛眼代码

1960 年，激光器诞生了，条码可以被扫描了。随着计算机技术的不断发展，条码技术终于有了实现的基础。1973 年，国际商业机器（International Business Machines，IBM）公司的工程师劳雷尔在伍德兰的帮助下带领一个团队开发了一个矩形条码通用商品码（Universal Product Code，UPC）。1974 年，美国俄亥俄州的一家超市销售了第一包含 UPC 的箭牌口香糖，高效时代正式到来。1976 年，在美国和加拿大的超级市场里，UPC 的成功应用给人们带来了极大的便利，欧洲人也对此产生了兴趣。次年，欧洲共同体在 UPC-A 码基础上制定了欧洲商品码 EAN-13 和 EAN-8，签署了"欧洲物品编码"协议备忘录，并正式成立了欧洲物品编码协会，后该协会变为国际物品编码协会。1988 年，我国成立了中国物品编码中心，并于 1991 年代表我国加入国际物品编码协会。

日本从 1974 年开始着手建立销售点（Point of Sale，POS）系统，研究标准化以及信息输入方式、印制技术等。当时日本丰田汽车公司的最大零件供应商是电装株式会社。该公司的零件品类众多，以至于他们觉得还是用日语更方便，可是传统条码不支持片假名，于是该公司自力更生，组建了一个研发团队（其实只有两位成员），用了一年半的时间，在 1994 年研发出现在我们看到的快速响应（Quick Response，QR）码。

美国、日本等发达国家在二维码诞生之初就高度重视二维码技术应用，其应用普及率达 96% 以上。相较于发达国家，我国二维码产业起步较晚，但随着移动互联网和智能终端的普及，以及二维码是目前唯一一款能够有效表达汉字的图码字符，我国二维码产业呈现出爆发式增长。2011 年，支付宝为了拓展线下支付业务（当时主要以银行卡刷卡为主），在尝试各种支付媒介后，正式推出二维码支付。目前，二维码已广泛应用于物品身份标识、广告宣传、仓储物流、产品追溯、移动支付等诸多方面，成为我国信息化建设和数字经济的重要支撑。

> 技术发展往往来自需求驱动，生活中平凡、常见的物品都可能有着不凡的出身。既然二维码是在一维条码的基础上诞生的，那为何二维码普及后一维条码还能应用于很多领域呢？

这样做既有对成本、性价比的考量，也考虑到二者各有特点，它们的对比如表 3-2 所示。

表 3-2   一维条码与二维码的对比

对比内容	一维条码	二维码
定义	仅在一个维度方向上表示信息的条码符号	在两个维度方向上表示信息的条码符号
编码规则	唯一性、永久性、无含义	
主要特点	（1）输入速度快； （2）可靠性高； （3）灵活、实用； （4）制作简单； （5）除了供机器扫描的图像，还有供人识别的字符	（1）信息容量大； （2）可加密，安全性较高； （3）具有错误校验和纠错能力； （4）可不依赖数据库和通信网络而单独使用
常见码制	EAN 条码、UPC 条码、二五条码、交叉二五条码、三九条码、九三条码、128 条码和库德巴条码等	四九条码、16K 条码、四一七条码、数据矩阵码、快速响应矩阵码、汉信码、紧密矩阵码和网格矩阵码等
编码字符集	（1）Numeric，数字字符集，仅包括数字 0～9； （2）Alphanumeric，字母数字字符集，包括数字 0～9 和字母字符 A～Z； （3）ASCII 字符集，包括任何值为 0～127 的 ASCII 字符	（1）数字型数据，包括数字 0～9； （2）字母数字型数据，包括数字 0～9、大写字母 A～Z，9 个其他字符（空格、$、%、*、+、-、.、/、:）； （3）8 位字节型数据； （4）日本汉字字符； （5）中国汉字字符：《信息交换用汉字编码字符集 基本集》（GB/T 2312—1980）对应的汉字和非汉字字符

常见的商品条码有 EAN-13、EAN-8，以及国际标准书号（International Standard Book Number，ISBN）条码，如图 3-13 所示。其中前 3 位前缀码代表国家，由国际物品编码协会赋码；中国的商品条码前缀为 690～695，ISBN 条码前缀为 978。通过条码标签生成软件设置条码标签数值时，最后一位校验码由前 12 位或 7 位数字依据校验规则决定（类似于前面提到过的身份号码编码规则）。

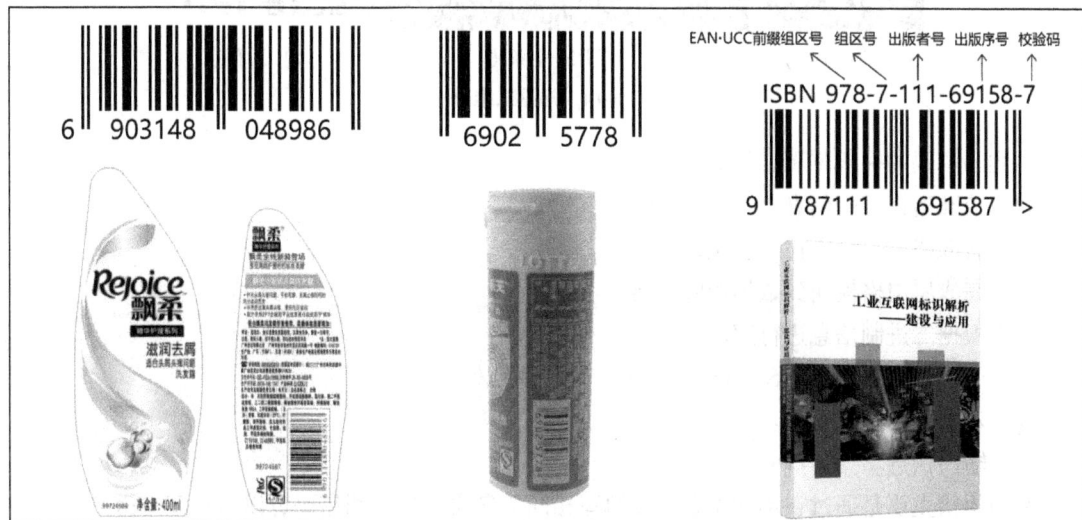

图 3-13   常见的商品条码

提问 上面的示例对你有什么启发吗？通过查看商品条码（尤其是查看 3 位前缀码）可以干什么呢？

延伸 查找资料，确定除了前 3 位和最后 1 位，EAN 条码中间的数据位分别表示什么信息。

有了标签作为信息载体还不够，条码技术的广泛应用离不开条码读写设备以及信息技术的发展。条码技术属于自动识别技术，而自动识别技术还包括光学识别技术、生物识别技术、磁卡/IC（Integrated Circuit，集成电路）卡技术和 RFID 技术等。那么信息究竟是如何被识别的呢？信息是如何从条码标签里被读取出来的呢？简单地讲，信息识别包括条码的定位与解码两个过程。

2. 条码的定位与解码

图 3-11 展示了一维条码的起始符和终止符，它们用于条码定位进而确定信息的有效区域。由于条码符号中"条""空"对光线具有不同的反射率，扫码枪扫描时接收到强弱不同的反射光信号，相应地产生电位高低不同的电脉冲。条码符号中"条""空"的宽度则决定电脉冲信号的长短。扫码枪接收到的光信号需要经光电转换形成电信号，电信号通过放大电路进行放大。由于扫描光点具有一定的尺寸，条码印刷时的边缘模糊性，以及一些其他原因，放大的条码电信号是一种平滑的起伏信号，这种信号被称为模拟信号。模拟信号需经整形电路变成计算机系统能采集的数字信号，然后根据不同码制对应的编码规则，将数字信号翻译为数字、字符信息。这就是一维条码的解码过程。

二维码码制与一维条码的不同，特性就不同，导致定位方式不同。例如，数据矩阵码 Datamatrix 通过"L"形黑边定位，四一七条码通过两边的竖线定位，而 QR 码则通过 3 个小矩形框定位，如图 3-14 所示。

(a) Datamatrix　　　　　(b) 四一七条码　　　　　(c) QR 码

图 3-14　常见二维码

二维码解码的一般步骤如下。

（1）校准透视畸变信息。

（2）获取格式、版本信息和黑白格信息。

（3）完成黑白格模块到数据矩阵的转换。

（4）根据二进制信息进行解码。

（5）通过 RS 码（Reed-Soloman-Codes）进行纠错处理。

（6）对数值码进行翻译。

（7）输出信息。

其中纠错主要是通过在不同位置重复填写相同信息实现的。纠错码可以纠正多少错误是有等级的，有 7%、15%、25%、30% 4 个等级。也就是说，最多遮挡住 30% 的区域不会影响解码。

3.3.2　二维码标识标签的制作与识别

回到标识解析上，条码标签作为承载标识编码的被动标识载体，是怎么生成及发挥作用的呢？

1.3.1 小节提到过目前工业互联网标识应用最多的领域是产品追溯（见图 1-8），本小节就以茶叶溯源为例，介绍二维码标识标签的制作与识别过程。

任务情境及目标	某茶叶公司希望消费者扫描茶叶包装上的二维码进行产品质量溯源，提升公司形象。 要实现产品全生命周期溯源，也就是从生命周期末端——消费者手中回到产品"出生"时，甚至回到茶树种植、茶叶采摘等环节。首先，茶叶公司要达到一定的信息化程度，如能够采集并记录茶园内的种植和采摘信息、工厂内的加工制造检验信息以及其他第三方的相关信息。其次，这些信息能够与产品唯一的标识编码——"身份号码"进行关联，从而实现通过输入/扫描标识编码能够查询到其他溯源信息的目的。 而这个"身份号码"以标签的形式附着在产品包装上。 本任务要求制作一款茶叶产品的二维码标识标签，标签内容能够扫码识读，将其输入相关信息系统后能够查询到产品关联信息
工具	条码打印机、扫码枪（见图 3-15）、Dlabel 云标签软件或者 Gprinter 图 3-15　条码打印机和扫码枪

（1）用 USB 连接条码打印机与 PC 并启动电源，安装条码打印机驱动程序 Gprinter，依次完成图 3-16～图 3-18 所示的步骤。

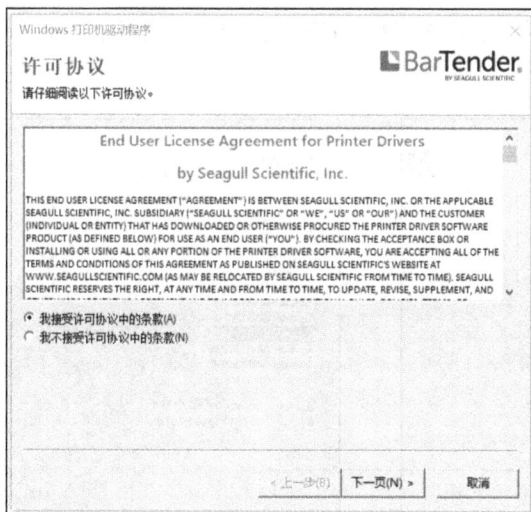

微课

条码打印机驱动安装及配置

图 3-16　安装条码打印机驱动程序步骤 1

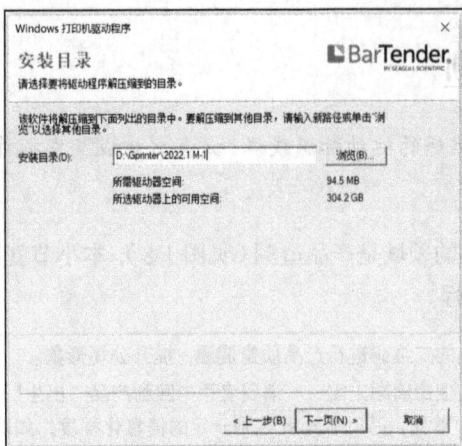

图 3-17　安装条码打印机驱动程序步骤 2　　　图 3-18　安装条码打印机驱动程序步骤 3

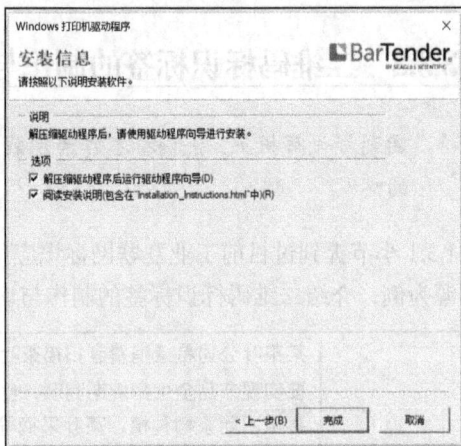

看到图 3-19 所示的对话框就正式开始安装驱动，如果对话框未打开或后续需要升级驱动，可在安装目录下找到该程序，如图 3-20 所示。

图 3-19　安装条码打印机驱动程序步骤 4　　　图 3-20　在安装目录下找到该程序

根据图 3-21～图 3-24 所示的步骤，依次选择打印机连接方式，指定打印机型号、端口和打印机名称。

图 3-21　选择打印机连接方式　　　图 3-22　指定打印机型号

图 3-23 指定端口（类型为 USB 虚拟打印机端口，
名称以具体为准）

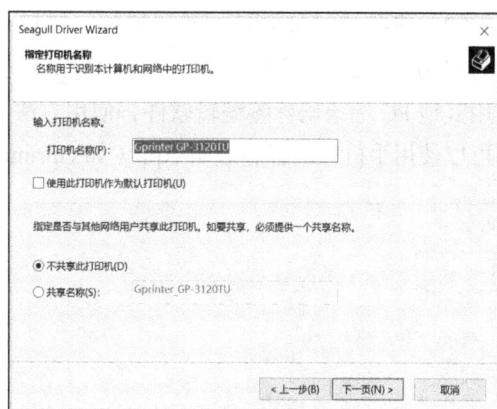

图 3-24 指定打印机名称

根据图 3-25 和图 3-26 所示的步骤，确认安装信息，完成条码打印机驱动程序的安装。

图 3-25 正在完成驱动程序的安装

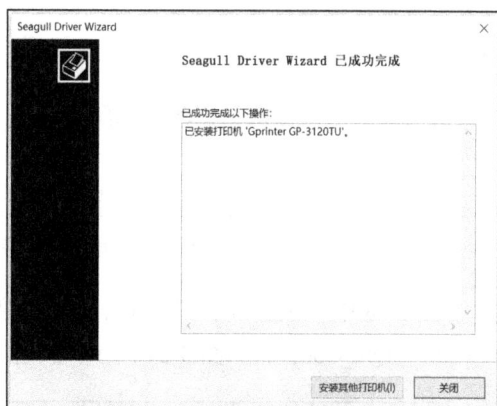

图 3-26 条码打印机驱动程序安装成功

后续可查看打印机属性，或者根据打印需求修改首选项，如打印纸规格等。本书选用的 Gprinter 条码打印机的最大打印规格为"72 毫米×2286"毫米，后面打印条码标签时使用的打印纸规格为"40 毫米×40 毫米"，需新建匹配该尺寸的"卷"，步骤如图 3-27 所示。

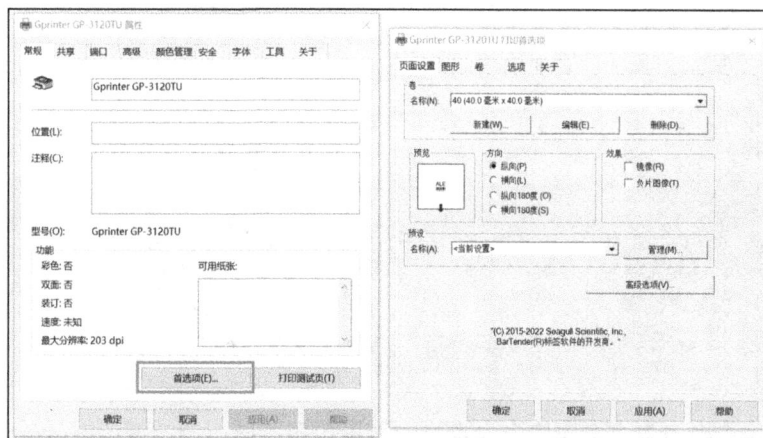

图 3-27 查看/设置打印机属性

（2）使用 Dlabel 创建二维码标签：打开 Dlabel，新建标签、设置标签宽度和高度（"宽度"设为"40"，"高度"设为"40"，单位均为 mm），如图 3-28 所示。本书使用 Dlabel，读者也可以使用其他 PC 端条码标签编辑软件，使用方法类似。若条码打印机有 Wi-Fi、蓝牙或 4G 等功能，则可以使用手机版的标签编辑 App（如 Gprinter）进行标签制作。

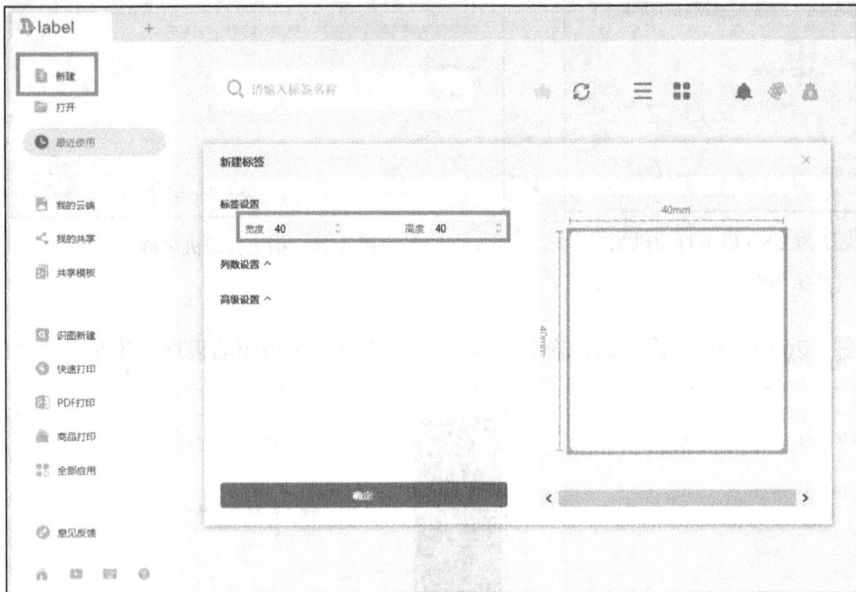

微课

二维码标签制作

图 3-28　使用 Dlabel 创建二维码标签步骤 1

在图 3-28 中，单击"确定"按钮，完成新建标签设置。在主界面中，从左侧菜单栏中选择"二维码"→"QR_Code"，如图 3-29 所示，新建一个二维码标签。

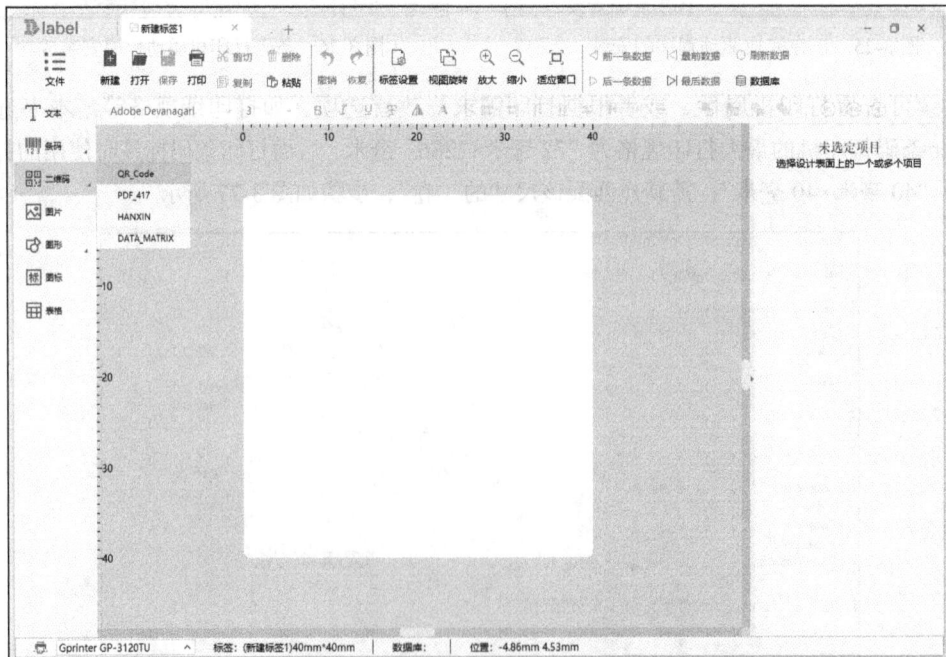

图 3-29　使用 Dlabel 创建二维码标签步骤 2

在图 3-30 所示界面右侧分别有"内容""条码""提示""位置大小" 4 个二维码属性可供编辑，其中内容属性的下拉列表框中有"固定数据""数据库""序列号""日期""时间" 5 个类型选项，此处选择"固定数据"，并将内容设置为"88.121.19792/0502.6632338570308.0101.20220722.46252"。

图 3-30　使用 Dlabel 创建二维码标签步骤 3

此外，还可以继续添加文本和图片，美化标签，如图 3-31 所示。完成设置，将标签保存为.ddl文件。

图 3-31　使用 Dlabel 创建二维码标签步骤 4

使用手机端 Gprinter 创建二维码标签，下面以 iOS 中的 Gprinter（见图 3-32）为例进行简单的介绍。分别参照图 3-33 和图 3-34 所示的步骤使用蓝牙连接打印机并设置打印参数后，可以编辑二维码标签，编辑步骤略。

图 3-32　Gprinter 在苹果应用商店中的展示界面

图 3-33　在 Gprinter 设置蓝牙连接

图 3-34 在 Gprinter 中设置打印参数

（3）打印（2）中创建完成的茶叶二维码标签：先打开打印预览，确认打印页面设置无误后打印。打印结果如图 3-35 所示。

图 3-35 茶叶二维码标签打印结果

（4）使用扫码枪识读（3）中的二维码标签：先打开工业互联网标识解析二级节点业务管理系统的标识注册界面，将光标定位到"请输入标识"处（见图 3-36），用扫码枪扫描图 3-35 所示的标签，看看是否能正确识读标识编码。

图 3-36 光标定位到"请输入标识"处

相同的标签，通过扫码枪识读出两个不同的结果：

88.121.19792、502.663/0338570308.0101.20220722.46252 　**A**
88.121.19792/0502.6632338570308.0101.20220722.46252 　**B**

这是为什么呢？

因为这里的扫码枪相当于键盘，使用不同输入法进行编辑下，识读结果就不同。

练习 参照上面的实操步骤，先在 Dlabel 中制作个性化二维码标识标签（标识编码可参照 2.4.3 小节注册），再用扫码枪识读输入二级节点管理系统查询。
尝试修改二维码的"条码"属性，理解条码密度、符号版本和纠错级别的作用。

3.4 RFID 标识标签

图 3-37 所示为智能洗衣场景，当你把一件红衣服和一条白裤子同时放进洗衣机时，"嘀"的一声，洗衣机收到衣物信息，然后提醒你：这两件衣物不能一起洗，会串色。你把红衣服拿出来，先洗白裤子，这时洗衣机又提醒：这条裤子已经洗了 20 次，最近这个品牌在打折，要不要买条新的呢？

图 3-37　智能洗衣场景

以上场景的产生归功于智能洗衣机和衣服上的 RFID 标签，本节就来学习 RFID 标签。

3.4.1　RFID 技术概述

RFID 技术是一种基于无线电的识别技术，早在第二次世界大战期间，英国就开发出能进行敌我识别（Identification Friend or Foe，IFF）的战机识别器，它通过接收雷达信号并以自动反馈信号的方式区分敌我战机，这就是早期的主动式 RFID 系统。

1950—1970 年，随着集成电路和可编程存储器、微处理器的出现，RFID 的理论得到了发展，一些著名实验室也对 RFID 进行了基础研究。同时，IFF 成为世界空中交通管制系统的基本组成部分。

1970—1990 年，大量的 RFID 专利技术出现，并在动物识别、电子收费系统等多个领域得到了商业应用。图 3-38 所示为基于 RFID 的动物管理系统，动物通过佩戴电子标签而得到唯一的标识。

20 世纪 90 年代，随着计算机小型化的发展，RFID 得到了更广泛的应用。例如，在北美，将近 3 亿个 RFID 标签安装到汽车尾部，应用于交通管理系统和电子收费系统的传感层。2000 年以后，随着 RFID 相关技术的标准化发展，RFID 产品种类日益丰富，其中包括有源 RFID 标签、无源 RFID 标签和半无源 RFID 标签。由于成本不断降低，标签尺寸越来越小，RFID 的应用无处不在。

图 3-38　基于 RFID 的动物管理系统

回到本节的学习场景，智能洗衣机是如何获取衣物洗涤信息的呢？衣物上的 RFID 标签是如何把携带的信息"告诉"洗衣机的呢？

下面就先来简单了解一下 RFID 的工作原理。

1. RFID 的工作原理

除了我们经常看到的电子标签（Tag），RFID 系统还包括阅读器（Reader）或读写器以及处理数据的应用系统。电子标签接收到阅读器发射的无线电波后会回应阅读器，所以阅读器又称为应答器（Transponder）。电子标签与阅读器的基本组成结构都有天线、射频模块和控制模块。电子标签需要存储数据，其内部还有存储器；而阅读器还有电源和读写模块（如果同时能够将数据写入标签）以及能连接到应用系统的接口。如图 3-39 所示，二者通过无线电波进行通信和传输数据。无源 RFID 标签通过阅读器发射的无线电波获取能量，被动发送信息；而有源 RFID 标签则可以主动向阅读器发送信息，如图 3-40 所示。

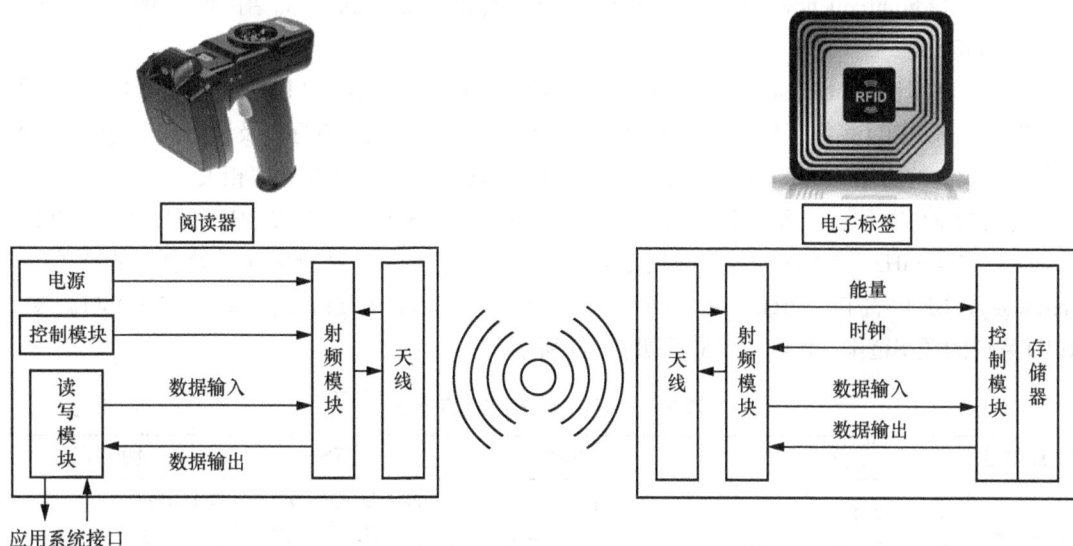

图 3-39　RFID 工作原理

（a）无源RFID（被动式）

（b）有源RFID（主动式）

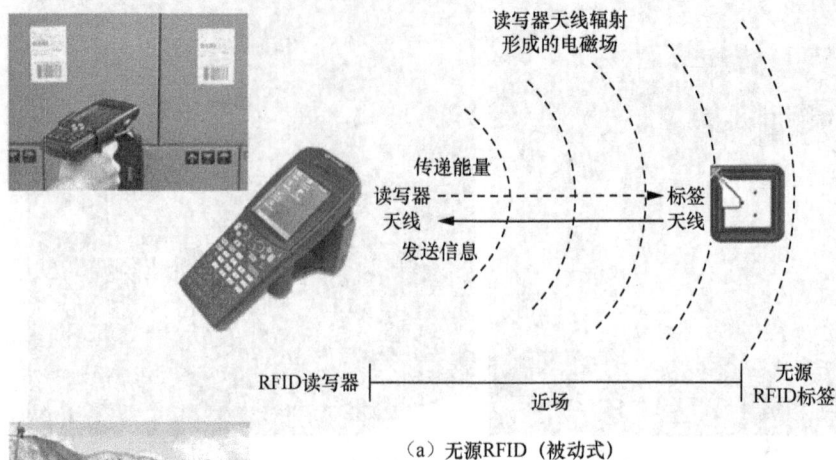

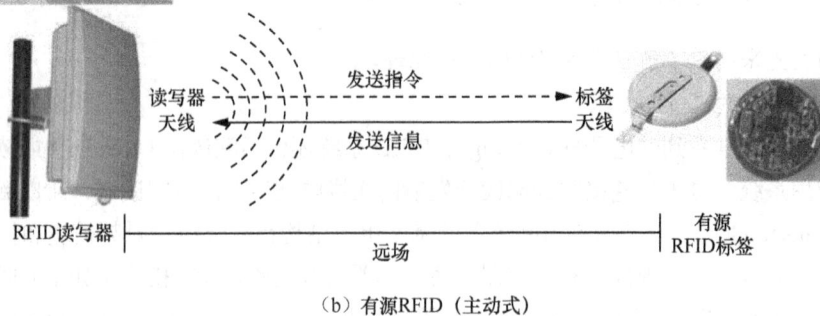

图 3-40　无源 RFID 与有源 RFID

2. RFID 工作频率

射频（Radio Frequency，RF）是一种高频交流变化的电磁波的简称。射频常见的频率范围为 3kHz～300GHz。

阅读器在识读 RFID 标签时，发送射频信号所使用的频率就是 RFID 工作频率。这个工作频率不仅决定着 RFID 系统工作原理（电感耦合或电磁耦合），还决定着标签及读写器实现的难易程度和设备成本的高低。RFID 系统允许的最远阅读距离也直接和该工作频率相关。

典型的 RFID 系统工作频率有 125kHz、133kHz、13.56MHz、27.12MHz、433MHz、902～928MHz、2.45GHz、5.8GHz 等。根据不同频率的范围，可以大致分为 4 类频段：低频（Low Frequency，LF）、高频（High Frequency，HF）、超高频（Ultra High Frequency，UHF）与微波。RFID 系统的频率范围、优缺点及应用如表 3-3 所示。

表 3-3　RFID 系统工作频率分类

对比内容	低频	高频	超高频	微波
频率范围	30～300kHz 典型频率：125kHz、133kHz	3～30MHz 典型频率：13.56MHz、27.12MHz	300MHz～3GHz 典型频率：433MHz、902～928MHz	>1GHz 典型频率：2.45GHz、5.8GHz

对比内容	低频	高频	超高频	微波
优点	无源标签、能耗小、信号穿透性好，抗金属与液体干扰性能强，无频率管制	传输速度较快，具有良好的抗金属与液体干扰性能，具备读写与防冲突功能	传输距离远，具备防碰撞能力，可锁定与消除标签，可读可写	阅读距离远，可实现多标签同时读取、屏蔽低频干扰，传输速度最快，可读可写，安全
缺点	难以屏蔽低频干扰、数据容量小，低速、读写距离近，安全性差、只读	抗噪声干扰性较差	频率严格管制	抗金属与液体干扰性能差、能耗大
应用	动物识别、电子防盗锁、马拉松计时系统等	门禁管理、图书管理、智能货架、各种票证识别等	行李追踪、资产管理等	移动车辆识别、仓储物流、生产线自动化等

面对不同工作频率的 RFID 标签时，该如何选择呢？选择的依据是什么？

在满足应用场景的技术要求的情况下选择性价比最高的 RFID 标签。

3. RFID 系统特性

基于 RFID 的工作原理，与条码相比，RFID 系统具有以下优势。

（1）不接触式识别

传统的条码必须要对准才能读取数据，而电子标签只要置于阅读器产生的电磁场内部就可以读取数据，方便远距离识别对象。这样读取信息的范围广，且在使用上十分灵活。

（2）非可视识别

射频信号穿透性好，能够穿透纸张、塑料、木材等非金属材料，可以透过外部材料读取数据，不需要看见对象就可以对其进行识别，不担心被遮挡，不受物体方向和位置影响。而条码是依靠激光来读取数据的，易被遮挡。

（3）精确识别

RFID 可以识别单个非常具体的物体，而条码技术仅能够识别物体的类别。例如，用条码可以识别一瓶瓶装白酒，但分不出具体是哪一瓶，RFID 可以识别具体是哪一瓶白酒。

（4）多标签识别

RFID 可以同时识别多个物体，而条码技术一次只能识别一个物体。RFID 同时对多个 RFID 标签进行识别（这需要 RFID 具有防碰撞能力）。阅读器读取一个电子标签的信息后，给这个电子标签发送"在一定时间内不再响应并阅读"的指令，即让这个标签进入睡眠状态，避免它对阅读器的阅读指令再次产生响应。这样阅读器依次完成多个标签的读取。

（5）多次读写

RFID 标签可存储的信息量大，读写型电子标签可以重复增、删、改数据。因此，RFID 标签能够用于追踪商品在流水线上或供应链上的状态，可以回收并重复使用，达到节省开支和提高效益的目的。

（6）易于构建网络应用环境

RFID 标签体积小、信息量大、寿命长、支持快速读写、保密性好、抗恶劣环境、可识别高速运动物体，与网络定位和通信技术相结合，便于对物体进行长期跟踪管理，可实现全球范围内物体的信息共享。

RFID 标签与条码标签的主要特性比较如表 3-4 所示。

表 3-4　RFID 标签与条码标签的主要特性比较

对比特性	RFID 标签	一维条码	二维码
单价	较高（几角至几十元）	低（几分至几角）	低（几分至几角）
可读距离	较长距离（几厘米至几米）	短距离（几厘米）	短距离（几厘米至几十厘米）
数据的重写和追加	能	不能	不能
抗污能力	较强	弱	弱
障碍物穿透能力	较强	弱	弱
违法复制	极难	容易	较容易
一次性读取多个标签	能	不能	不能
数据存储量	大容量（几十字节至几十千字节）	小容量（几十字节）	较小容量（几十字节至几千字节）

> **？提问**　既然 RFID 标签相比条码标签有那么多优势，那么当前 RFID 标签可以完全取代条码标签吗？为什么？

条码标签和 RFID 标签都能用于存储物品信息，但二者在本质上是完全不同的。通过 3.3.1 小节的介绍，已经知道条码标签是基于编码字符集将显性的条码符号"隐藏"在一维标签或二维标签中的，如果不关联外部数据库或信息系统，就无法获取更多信息。而 RFID 标签本身是有存储区域的，它根据芯片种类的不同可以存储容量不等的数据，且可以反复读写。至于如何向芯片写数据、写什么数据，则由相关标准决定。3.4.2 小节通过服装行业案例来具体介绍一种实现方案。

3.4.2　RFID 技术在服装行业的应用

（1）RFID 标签绑定

在 RFID 标签里写入单件衣服的重要属性，如货号、服装名称、服装型号、服装等级、服装面料、洗涤方法、执行标准、质检员等，将电子标签和单件衣服绑定，单件衣服与 RFID 标签是一一对应的，能起到防伪作用。

（2）厂家服装出入库管理

当服装通过仓库出入口时，安装在出入口的固定式 RFID 读卡器读取 RFID 标签，服装信息准确无误则可以通行，绿灯亮；服装信息异常则禁止通行，红灯亮。

（3）零售店铺收货管理

零售店铺在收到厂家发来的货物时，使用 RFID 扫描器进行扫描就可以核对货物数量、服装类型等信息。

（4）试衣间数据统计

在试衣间里安装 RFID 读写器，顾客每次试穿的衣服都会被记录，系统会计算出每件衣服被试穿的频率，结合购买结果，分析得出顾客喜欢的款式，改进店面展示及备货，提高成交率。

（5）服装出售管理

在收银台处设置桌面 RFID 读卡器，自动采集所有待付款衣服的信息，顾客付款后 RFID 标签和系统解绑，衣服状态自动更新。

（6）防盗报警

顾客带着衣服离开店铺，通过立柱通道门时，如果该衣服处于待付款状态，立柱通道门上的 RFID 读写器会自动感应并发出警报，起到防盗报警作用。

（7）服装盘点

在仓库盘点时，使用 RFID 扫描器扫描标签、批量盘点，可读范围内的衣服 RFID 标签都可被读取，具体读取距离与 RFID 读写器射频功率和天线有关。

上述 RFID 应用场景，大部分发生在服装成品出厂后，那么在成品的制作过程中，RFID 技术又是如何被应用的呢？

讨论西服生产线智能工厂的哪些环节使用了 RFID 技术，其中使用的 RFID 标签和读写器分别是什么？

3.4.3 RFID 标识标签的读写

微课

RFID 标识标签的读写

在服装原料及成品的库存管理中，现代智能工厂已大量将条码技术、RFID 技术用于物料的出入库和分拣、包装上。图 3-41 所示为 RFID 技术在仓储管理中的具体应用场景。

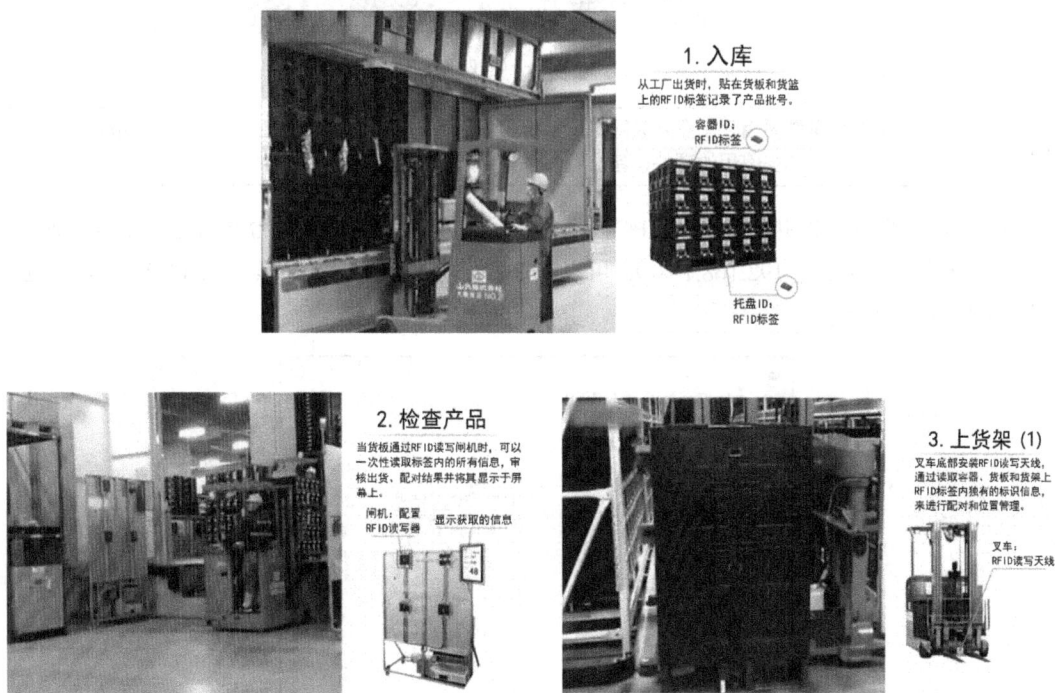

图 3-41 RFID 技术在仓储管理中的具体应用场景

图 3-41 RFID 技术在仓储管理中的具体应用场景（续）

任务情境及目标	某西服制作公司正在进行面料仓储智能化改造，为了解决原料出入库流程混乱、效率低下等问题，同时缩减人员开支、提高自动化水平，公司负责人打算引进一套类似图 3-41 所示的 RFID 仓储管理系统，其中包括多种 RFID 标签、读写器及系统软件。本任务要求结合西服制作 3D 场景（见图 3-42），通过 RFID 标签的制作和识别，实现西服面料出库、裁剪、存储的全流程管理 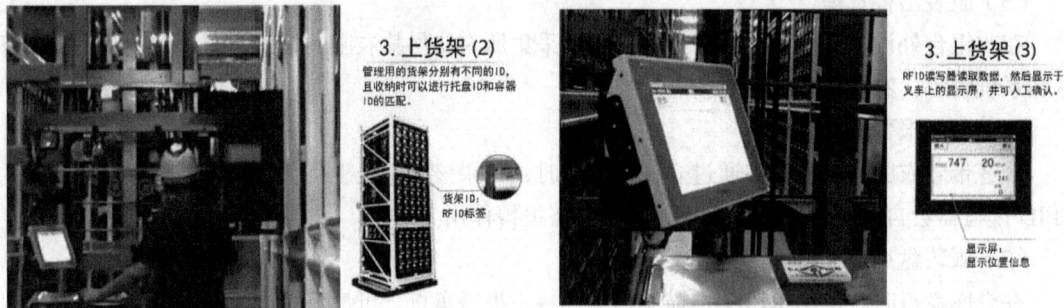 图 3-42 西服制作 3D 场景
工具	本任务需要用到工业互联网标识解析实训平台的部分设备（见图 3-1，还需要用到 3.3.2 小节中的任务使用的硬件设备

将 PC 与工业路由器相连接，确定 PC 与工业互联网标识解析实训平台网络通信正常，确保二者在同一网段（IP 地址为 192.168.1.×），可以在 PC 使用 ping 命令（ping 192.168.1.9）进行通信测试，如图 3-43 所示。

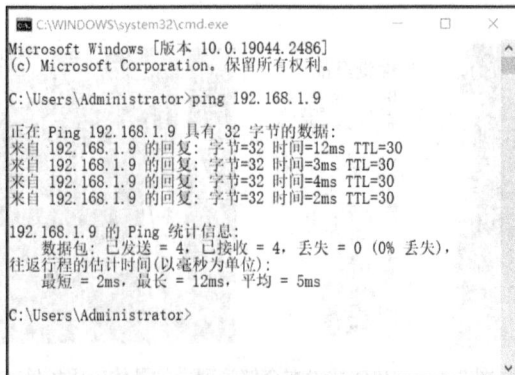

图 3-43 使用 ping 命令进行通信测试

（1）根据 2.3 节介绍的标识编码规范，这里可以为西服制作定义一套标识编码，编码规则如表 3-5 所示。

表 3-5　西服制作的编码规则

代码段	长度（字符）	说明
标识前缀	—	示例值 88.121.19792，表示国家代码+行业代码+企业代码
基础分类代码	4 位	示例值 0002，表示西服制作
企业自定义代码（产品编码）	12 位	示例值 010201000000，表示西服制作的面料、颜色、版型等设定参数
生产代码	5 位	示例值 01016，01 表示生产工厂代码，016 表示生产设备代码
生产日期代码	8 位	示例值 20230213，表示产品生产日期
产品随机代码	5 位	示例值 10007，表示按 1……递增的产品顺序代码

（2）进入 HMI 的"标识编码"界面，可以进行西服的个性化制作，并生成对应的标识码，如图 3-44 所示。

图 3-44　"标识编码"界面

"标识编码"界面功能说明如下。

- "前缀"：对应表 3-5 中的"标识前缀"，由国家代码、行业代码和企业代码组成，这里可根据不同企业、不同院校的标识前缀自由设置。
- "设备"：对应表 3-5 中的"生产代码"，由 5 位字符组成，这里可根据不同班次、不同设备的代码自由设置。
- "面料出库设定"：可以对西服面料、颜色和版型进行设定，通过不同组合可生成不同的产品编码。
- "生成标识码"：可以根据设定的参数、编码规则自动生成标识码，并显示在标识码框中。
- "生成标识二维码"：可以根据标识码自动生成对应的标识二维码，在后续的步骤中可通过扫描枪进行标识码识别。
- "写入标签"：可以将产品编码自动写入 RFID 标签，在后续的步骤中可通过 RFID 读写器进行标签的读取。

（3）在"标识编码"界面中，设置"前缀""设备"参数，并在"面料出库设定"中，选择"纯羊毛精纺""黑色""意式"，单击"生成标识码"按钮，标识码框中就会显示当前要生产的西服面料标识码，再单击"生成标识二维码"按钮，获得标识码对应的标识二维码，如图 3-45 所示。

图 3-45　生成标识码、标识二维码

（4）将 RFID 标签放在 RFID 读写器的感应区上进行 RFID 标签制作，如图 3-46 所示。单击"写入标签"按钮，平台将当前西服面料的产品编码（010201000000）自动写入 RFID 标签。

（5）进入 HMI 的"面料出库"界面，可以进行面料裁剪的操作，并显示 RFID 信息和出库进度，如图 3-47 所示。

图 3-46　RFID 标签制作

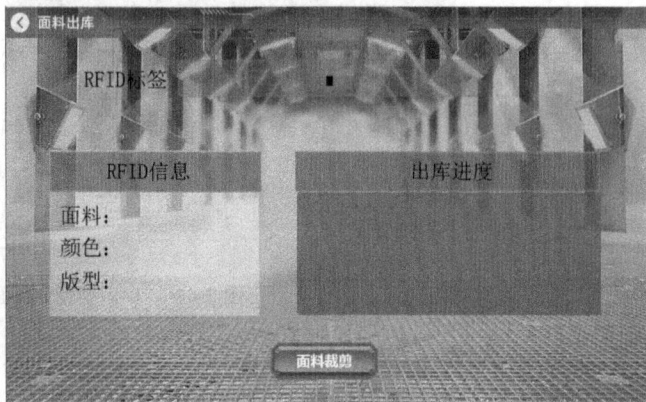

图 3-47　"面料出库"界面

"面料出库"界面功能说明如下。

- "RFID 标签"：显示当前 RFID 标签存储的内容。
- "RFID 信息"：显示当前 RFID 标签存储内容的具体信息，包含面料、颜色和版型等参数。
- "出库进度"：显示面料出库的具体进度，包含布料出库中、版型加工中、裁片入库等状态。
- "面料裁剪"：通过"面料裁剪"按钮可以启动西服制作 3D 场景仿真。

（6）打开西服制作 3D 场景（需要提前将加密授权 U 盘插在计算机上，并打开 PLC 3D 通信服务），单击"播放"按钮，运行西服制作 3D 场景，单击步骤（5）"面料出库"界面中的"面料裁剪"按钮，启动场景仿真，如图 3-48 所示。

图 3-48　西服制作 3D 场景仿真

（7）进入二级节点业务管理系统，根据 2.4.3 小节的内容，新建一个西服制作的数据模板，数据定义如表 3-6 所示。

表 3-6　西服制作数据定义

中文名称	英文名称	数据类型
面料	Fabric	字符串
颜色	Colour	字符串
版型	Type	字符串
生产日期	Date	字符串

（8）在二级节点业务管理系统中，新增一个西服制作的标识，使用扫码枪扫描步骤（3）中的标识二维码进行标识录入，并定义元数据模板、面料、颜色、版型和生产日期等数据，如图 3-49 所示。

图 3-49　新增西服制作标识

（9）在托管标识列表（见图 3-50）中，可以看到标识已经成功创建，并成功同步到国家顶级节点。

序号	前缀	标识	类型	解析状态	同步信息	创建时间	更新时间
1	88.121.19792	88.121.19792/0002.010201000000.01016.20230221.10000	创建	已同步	同步成功	2023-02-21 11:05:52	2023-02-21 11:05:52

图 3-50 托管标识列表

（10）进入工业互联网标识解析国家顶级节点标识查询系统，使用扫码枪识读标识二维码，进行标识查询，如图 3-51 所示。

图 3-51 标识查询

思考 RFID 标签中存储的产品编码（010201000000）是如何与西服参数进行对应的？

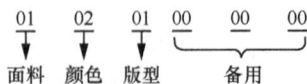

```
01    02    01    00    00    00
 ↓     ↓     ↓    └──────┬──────┘
面料  颜色  版型        备用
```

在实际工业应用中，RFID 标签中存储的数据都是根据一定的编码规则设定的。在识别时，根据编码规则逆向解析就可获得 RFID 标签的详细信息。本案例的 RFID 标签编码规则如表 3-7 所示。

表 3-7　RFID 标签编码规则

西服参数	面料	颜色	版型
01	纯羊毛精纺	藏青色	意式
02	涤纶与黏胶混纺	黑色	英式

参照上面的实操步骤，在 HMI 中生成一个面料参数为"纯羊毛精纺""藏青色""英式"的标识码和标识二维码，将产品编码写入另一张 RFID 标签，运行西服制作 3D 场景验证生产流程，再用扫码枪识读标识二维码以将其录入二级节点管理系统进行标识新增。

【项目小结】

本项目通过标识标签制作与识别的学习实训，帮助读者掌握条码、RFID 等常见标识标签的制作与识别，更好地理解被动标识载体在行业中的具体应用。项目小结思维导图如图 3-52 所示。

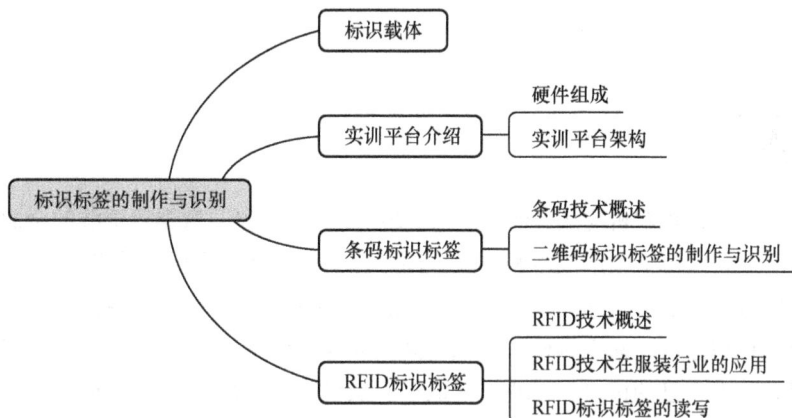

图 3-52　项目小结思维导图

【思考与练习】

（1）简述条码与 RFID 标识标签的优缺点。

（2）根据 3.3.2 小节的实训步骤制作二维码标识标签并正确识别该标签。

（3）根据 3.4.3 小节的实训步骤制作 RFID 标识标签并正确识别该标签。

项目4
标识解析二级节点接口测试

【案例引入】

通过工业互联网标识解析应用，企业可以实现对设备、系统、数据等资源的全面管理和控制，提高生产效率和质量，降低生产成本和风险。同时，工业互联网标识解析应用为企业之间的合作提供了便利，促进了工业互联网的发展。企业节点，是指一家企业内部的标识服务节点，能够面向特定企业提供标识注册、标识解析、标识数据服务等。企业需要根据二级节点业务管理系统提供的接口规范，开发自己的接口，以便与标识解析二级节点进行对接。本项目将讲解二级节点标识接入认证、标识注册、标识更新和标识删除的接口规范，并通过接口测试工具进行验证，带领读者掌握二级节点标识接口规范。

【职业能力目标】

- 能根据接口测试文档，完成接口测试工具的安装与部署。
- 能根据二级节点标识接口规范，完成二级节点业务管理系统的接口测试。

【学习目标】

- 了解接口的相关技术。
- 理解二级节点标识接口规范。
- 能够完成二级节点标识接口的测试。

【知识链接】

4.1　接口基础知识

4.1.1　接口定义

"接口"名词形式的解释是"独立系统之间的边界，信息跨越边界传输"，动词形式的解释则是"通过接口进行连接与信息交换的行为"。接口有如下多种类型。

- 用户界面（User Interface，UI）：人机界面。
- 软件接口（Software Interface）：代码之间、软件和硬件之间的接口。
- 硬件接口（Hardware Interface）：线缆、插头、插座等。

软件接口是一种用于定义程序的协议，它可以用于描述任何类或结构的一组相关行为，为应用程序、开发人员提供基于软件或硬件访问一组例程的能力（无须访问源码或理解内部工作机制）。接口可以是一项功能，如天气查询、短信群发等，也可以是一个模块，如登录验证等。接口通过发送请求参数至接口统一资源定位符（Uniform Resource Locator，URL），经过后台代码处理后，返回所需的结果。

4.1.2　标识解析接口

在工业互联网标识解析系统的层次架构中，接口服务主要有两种作用：一是对于标识解析体系而言，降低标识接入企业应用的技术门槛，让各种工业企业信息系统在低代码情况下进行标识解析体系一体化；二是对于工业企业信息系统的应用而言，提供各类基于标识的应用场景接口，便于理解标识用途并构建技术支撑。

二级节点标识通过"数据管理""运行监测"实现企业节点的标识注册、标识查询、标识解析、业务管理等标识功能，如图 4-1 所示。

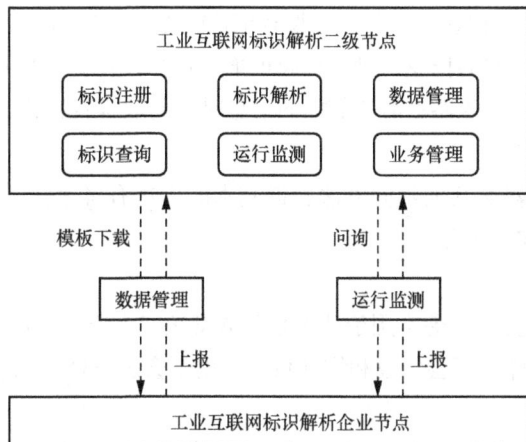

图 4-1　二级节点标识接口提供的能力服务

思考

二级节点标识接口通过哪种形式与企业节点进行对接？

4.1.3 HTTP

1. HTTP 简介

超文本传送协议（HyperText Transfer Protocol，HTTP）是一种用于分布式、协作式和超媒体信息系统的应用层协议，它是万维网数据通信的基础。

HTTP 工作于客户端-服务端架构上。浏览器作为 HTTP 客户端通过 URL 向 HTTP 服务端（Web 服务器）发送所有请求。Web 服务器根据接收到的请求，向客户端发送响应信息。HTTP 交互过程如图 4-2 所示。

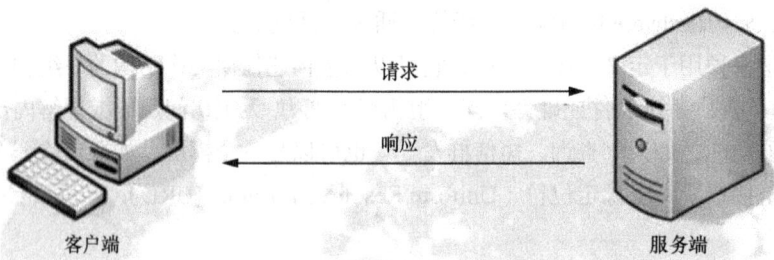

请求

响应

客户端   服务端

图 4-2　HTTP 交互过程

HTTP 的主要特点如下。

- 简单快速。当客户端向服务器请求服务时，只需传输请求方法和路径。常用的请求方法有 GET、HEAD、POST 等。每种方法规定了客户端与服务器联系的类型不同。由于 HTTP 简单，HTTP 服务器的程序规模小，因此其通信速度很快。
- 灵活。HTTP 允许传输任意类型的数据对象。正在传输的类型用 Content-Type 加以标记。
- 无连接。无连接的含义是限制每次连接只处理一个请求。服务器处理完客户端的请求，并收到客户端的应答后，就断开连接。采用这种方式可以节省传输时间。
- 无状态。无状态是指协议对事务处理没有记忆能力。HTTP 是无状态协议。无状态意味着若后续处理需要前面的信息，则必须将前面的信息重传，这样可能导致每次连接传输的数据量增大；但在服务器不需要前面的信息时它的应答就较快。

2. HTTP 请求方法

HTTP 定义了与服务器交互的不同方法，最基本的方法有 4 种，分别是 GET 方法、POST 方法、PUT 方法、DELETE 方法。

（1）GET 方法

GET 方法是最常用的方法，通常用于请求服务器发送某个资源。它仅用于获取资源信息，就像在数据库中进行查询一样，不会修改和增加数据，也不会影响资源的状态。

（2）POST 方法

POST 方法用于向服务器提交数据，如完成表单数据的提交，将数据提交给服务器处理。

（3）PUT 方法

PUT 方法用于让服务器用请求的主体部分来创建一个由所请求的 URL 命名的新文档，如果该文档存在，就用这个主体部分来代替它的内容。

（4）DELETE 方法

DELETE 方法用于请求服务器删除指定 URL 所对应的资源。但是，客户端无法保证删除操作一定会被执行，因为 HTTP 允许服务器在不通知客户端的情况下撤销请求。

4.1.4　JSON 数据交换格式

JavaScript 对象表示法（JavaScript Object Notation，JSON）是一种轻量级的数据交换格式。它是基于 ECMAScript 的一个子集，采用完全独立于编程语言的文本格式来存储和表示数据。简洁和清晰的层次结构使得 JSON 成为理想的数据交换格式，JSON 格式易于阅读和编写，也易于机器解析和生成，能有效地提升网络传输效率。

JSON 格式规则如下。

（1）并列的数据之间用逗号","分隔。

（2）映射用冒号":"表示。

（3）并列数据的集合（数组）用方括号"[ ]"表示。

（4）映射的集合（对象）用花括号"{ }"表示。

JSON 样例如下。

{K:V}：一个键值对的 JSON 串，JSON 中 K 为字符串格式，V 可以为对象、数组和集合。

例如：

```
{
    "action":"com.nle.service.api.GetPointValue",
    "actionParam":{
    "pointUrl":"modbus:tcp://192.168.1.25:502:actuallynum1"
    }
}
```

【项目实施】

4.2　标识解析二级节点接口

微课

标识解析二级节点
接口说明

4.2.1　接口说明

1. 标识接入认证

二级节点、国家顶级节点、企业节点、递归节点之间应支持接入认证，保证标识解析过程安全可信。标识接入认证通过调用身份认证接口，获取 token（令牌）。

（1）请求路径

请求路径为 http://127.0.0.1:3000/api/identity/token/v1。

（2）请求方法

请求方法为 POST 方法。

（3）请求参数

标识接入认证请求参数如表 4-1 所示。

表 4-1　标识接入认证请求参数

参数类型	参数名	参数说明	备注
String	username	用户名（二级节点业务管理系统的登录用户名）	必填
String	password	密文： 1. 使用 sha256（'登录密码'）获取 token； 2. 使用 sha256（token+时间戳），时间戳格式为 yyyy-mm-dd	必填

（4）响应参数

标识接入认证响应参数如表 4-2 所示。

表 4-2　标识接入认证响应参数

参数类型	参数名	参数说明
String	message	状态说明
Int	status	状态码（详见表 4-3）
Object	data	返回数据
String	data.token	令牌身份信息

状态码说明如表 4-3 所示。

表 4-3　状态码说明

状态码	状态码说明
1	成功
−1	尚未登录，请重新登录
−2	失败
−3	没有权限
−4	系统内部错误

2. 标识查询

标识查询是指对已注册标识信息进行数据检索，如对注册的产品信息进行查询。

（1）请求路径

请求路径为 http://127.0.0.1:3000/api/identityv2/data/detail。

（2）请求方法

请求方法为 GET 方法。

（3）请求参数

① Header。

Header 请求参数如表 4-4 所示。

表 4-4　Header 请求参数

参数类型	参数名	参数说明	备注
String	Authorization	Bearer+空格+token（通过身份认证接口获取）	必填
String	Content-Type	application/json	必填

② Param。

Param 请求参数如表 4-5 所示。

表 4-5　Param 请求参数

参数类型	参数名	参数说明	备注
String	handle	要查询的标识	必填

（4）响应参数

标识查询响应参数如表 4-6 所示。

表 4-6　标识查询响应参数

参数类型	参数名	参数说明
String	message	状态说明
Int	status	状态码（详见表 4-3）
Object	data	返回数据
String	data.prefix	标识前缀
String	data.handle	标识
String	data.templateVersion	数据模板的产品型号
Array	data.value	标识属性
Int	data.value[i].index	标识属性索引
String	data.value[i].type	标识属性类型
Object	data.value[i].data	标识属性内容
String	data.value[i].data.format	标识属性内容格式
String	data.value[i].data.value	标识属性内容值

3．标识注册/更新

企业节点的标识注册是指将产品、设备等各类对象的信息与标识编码进行关联，并将其存储在相应的服务器中，同时对注册的标识进行管理，包括：标识的注册、更新、删除，数据查询，运营统计等。

（1）请求路径

请求路径为 http://127.0.0.1:3000/api/identityv2/data。

（2）请求方法

① 标识注册：POST 方法。

② 标识更新：PUT 方法。

（3）请求参数

① Header。Header 请求参数如表 4-4 所示。

② Body。Body 请求参数如表 4-7 所示。

表 4-7　Body 请求参数

参数类型	参数名	参数说明	备注
String	handle	标识	必填
String	templateVersion	数据模板的产品型号	必填
Array	value	标识属性	必填
String	value[i].auth	权限码，预留字段	—
Int	value[i].index	标识属性索引	必填
String	value[i].type	标识属性类型	必填
Object	value[i].data	标识属性内容	必填
String	value[i].data.format	标识属性内容格式	必填
String	value[i].data.value	标识属性内容值	必填

注意事项如下。

- 标识属性索引 value[i].index 不能为 1001，其为预留索引。
- 标识属性索引 value[i].index 对应数据模板中的 "index"，必须和数据模板中的保持一致。
- 标识属性类型 value[i].type 对应数据模板中的 "英文名称"，必须和数据模板中的保持一致。
- 标识属性内容格式 value[i].data.format 暂时只支持 String 格式。

（4）响应参数

标识注册/更新响应参数如表 4-8 所示。

表 4-8　标识注册/更新响应参数

参数类型	参数名	参数说明
String	message	状态说明
Int	status	状态码（详见表 4-3）
Boolean	data	是否操作成功

4．标识删除

（1）请求路径

请求路径为 http://127.0.0.1:3000/api/identityv2/data。

（2）请求方法

请求方法为 DELETE 方法。

（3）请求参数

① Header。Header 请求参数如表 4-4 所示。

② Body。Body 请求参数如表 4-9 所示。

表 4-9 Body 请求参数

参数类型	参数名	参数说明	备注
String	handle	要删除的标识	必填

（4）响应参数

标识删除响应参数如表 4-10 所示。

表 4-10 标识删除响应参数

参数类型	参数名	参数说明
String	message	状态说明
Int	status	状态码（详见表 4-3）
Boolean	data	是否操作成功

微课

标识解析二级节点
接口测试

4.2.2 接口测试

1. 接口测试工具部署

（1）启动 Chrome 浏览器，依次选择"自定义及控制 Google Chrome"→"扩展程序"→"管理扩展程序"，如图 4-3 所示，打开 Chrome 浏览器的"扩展程序"页面。

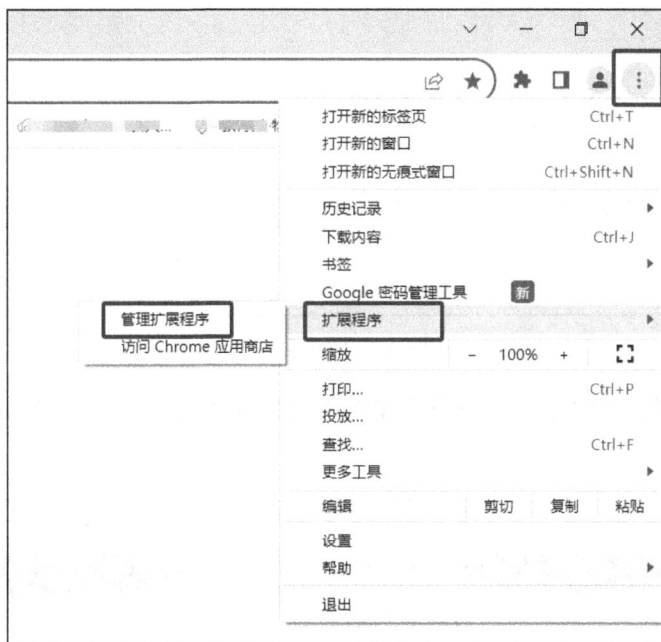

图 4-3 扩展程序

（2）在"扩展程序"页面中，打开开发者模式，如图 4-4 所示。

图 4-4　打开开发者模式

（3）将 D\BSJX\thingsboard-3.3.4\tools 文件夹中的"Talend API Tester.crx"插件程序直接拖动到"扩展程序"页面中，如图 4-5 所示。

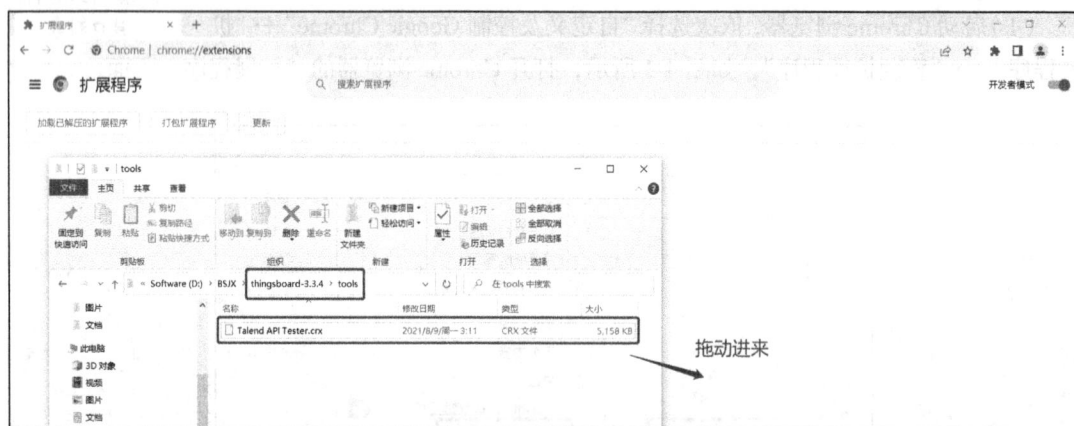

图 4-5　拖动安装插件

（4）在弹出的确认框中选择"添加扩展程序"，如图 4-6 所示，完成"Talend API Tester"接口测试工具的安装部署。

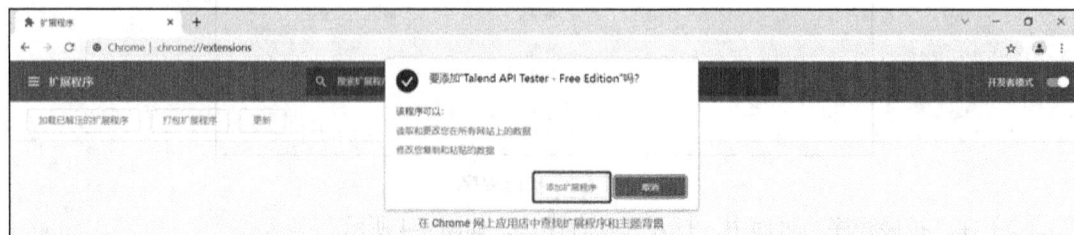

图 4-6　添加扩展程序

2. 接口测试

（1）在"thingsboard-3.3.4"文件夹下，双击打开"02 启动代理服务.bat"批处理文件，启动 proxyServer 代理服务，如图 4-7 所示。

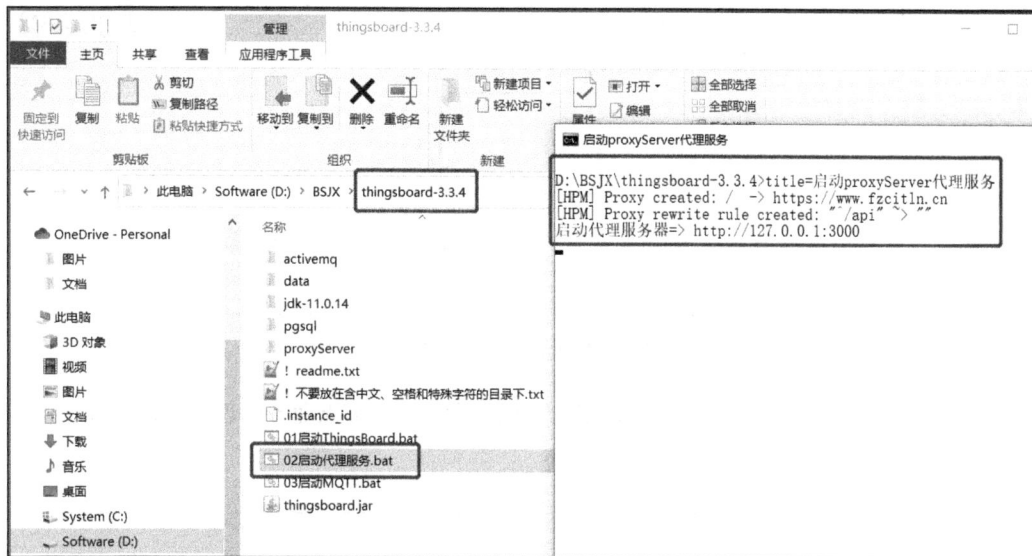

图 4-7　启动 proxyServer 代理服务

（2）在"扩展程序"界面中，选择并启动"Talend API Tester"，如图 4-8 所示，进入 Talend API Tester 的主界面。

图 4-8　启动"Talend API Tester"

（3）与二级节点业务管理系统进行标识接入认证。

> a. 请求方法（METHOD）设置为"POST"。
>
> b. URL 设置为"http://127.0.0.1:3000/api/identity/token/v1"。
>
> c. BODY 设置为

```
{
    "username":"登录名",
    "password":"sha256(sha256('登录密码') + '2023-02-24')"
}
```

标识接入认证请求参数设置如图 4-9 所示。

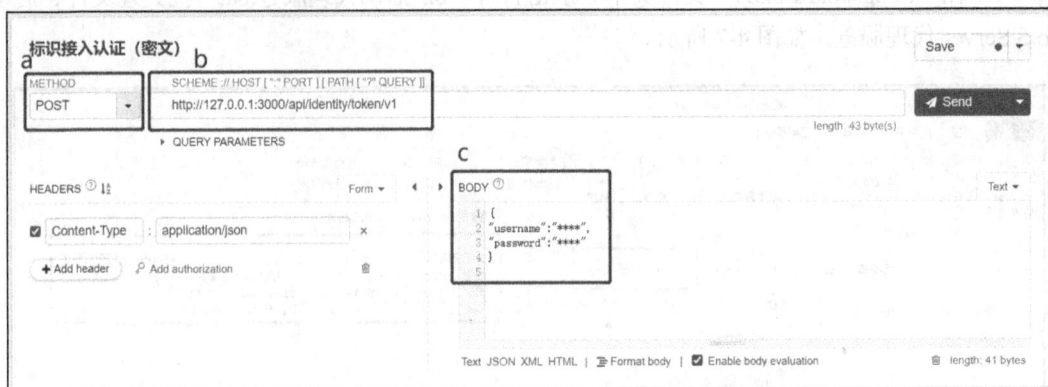

图 4-9　标识接入认证请求参数设置

设置完成，单击"Send"按钮发送请求，可以查看与二级节点业务管理系统进行标识接入认证的响应信息，如图 4-10 所示。

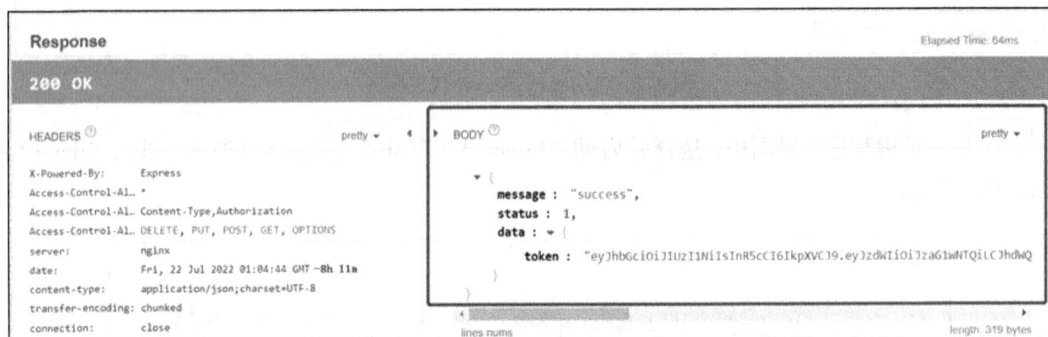

图 4-10　标识接入认证的响应信息

（4）与二级节点业务管理系统进行标识查询。

> a.　METHOD 设置为"GET"。
>
> b.　URL 设置为"http://127.0.0.1:3000/api/identityv2/data/detail"。
>
> c.　HEADERS 设置如下。
>
> Authorization：Bearer+空格+token。
>
> Content-Type：application/json。
>
> d.　QUERY PARAMETERS 设置如下。
>
> handle：标识。

标识查询请求参数设置如图 4-11 所示。

设置完成，单击"Send"按钮发送请求，可以查看与二级节点业务管理系统进行标识查询的响应信息，如图 4-12 所示。

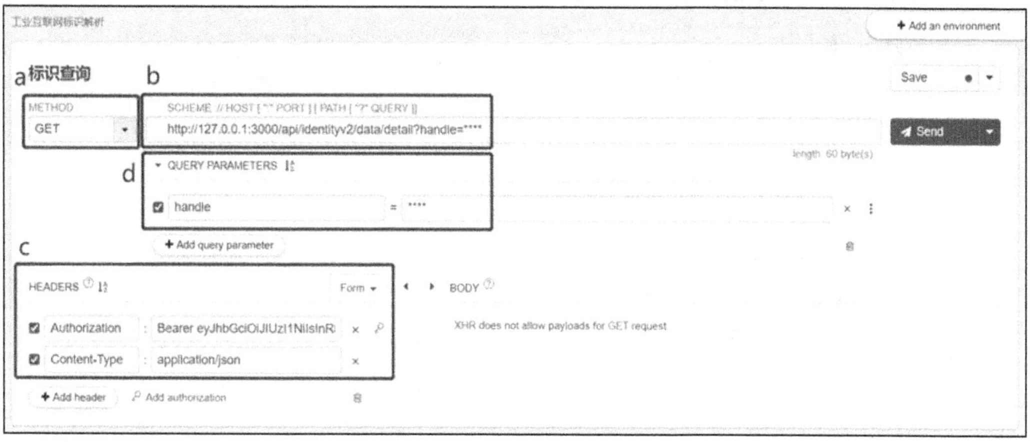

图 4-11 标识查询请求参数设置

图 4-12 标识查询的响应信息

（5）与二级节点业务管理系统进行标识注册。

a. METHOD 设置为 "POST"。

b. URL 设置为 "http://127.0.0.1:3000/api/identityv2/data"。

c. HEADERS 设置如下。

Authorization：Bearer+空格+token。

Content-Type：application/json。

d. BODY 设置为：

```
{
    "handle": "标识",
    "templateVersion": "数据模板的产品型号",
```

```
    "value": [ ]
        {
            "data": {
                "format": "string",
                "value": "标识属性内容值"
            },
            "auth": "",
            "index": 标识属性索引,
            "type": "标识属性类型"
        }
    }
```

标识注册请求参数设置如图 4-13 所示。

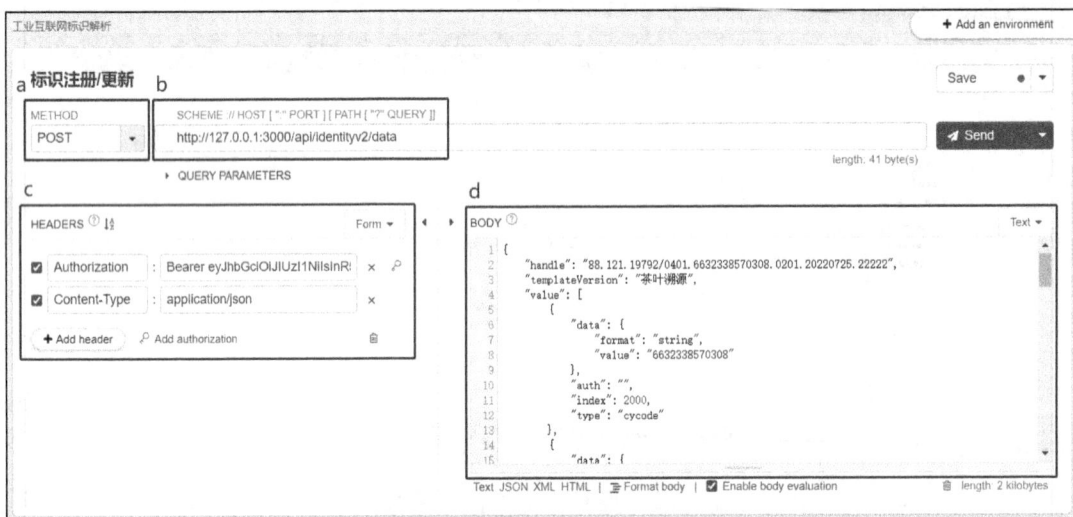

图 4-13　标识注册请求参数设置

设置完成，单击"Send"按钮发送请求，可以查看与二级节点业务管理系统进行标识注册的响应信息，如图 4-14 所示。

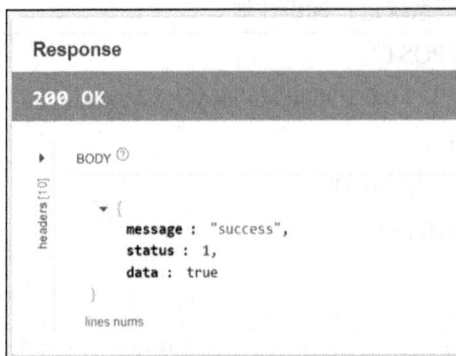

图 4-14　标识注册的响应信息

【项目小结】

本项目通过标识解析二级节点接口测试的学习实训，帮助读者掌握二级节点业务管理系统的接口规范、接口测试工具的安装与部署及二级节点接口测试。项目小结思维导图如图 4-15 所示。

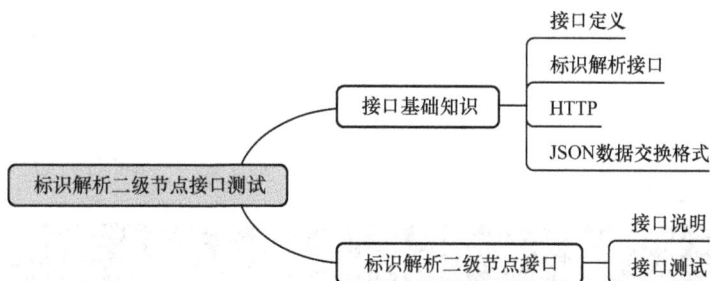

图 4-15 项目小结思维导图

【思考与练习】

（1）简述标识解析二级节点接口规范。

（2）根据二级节点接口规范，使用接口测试工具进行标识注册。

项目5

ThingsBoard 平台应用

【案例引入】

ThingsBoard 是一个开源的平台，它提供了丰富的应用程序接口（Application Program Interface，API）和工具，可以帮助开发者快速构建工业互联网标识解析应用。ThingsBoard 平台可以帮助工业企业实现设备监测和远程控制。例如，可以使用 ThingsBoard 平台连接工业传感器、PLC、机器人等设备，实现设备监测、远程控制、数据分析等功能。总之，ThingsBoard 平台可以帮助各个行业实现工业互联网应用的快速开发和部署，提高设备的智能化水平和管理效率。

【职业能力目标】

能根据 ThingsBoard 平台的部署和使用，完成 ThingsBoard 可视化监测。

【学习目标】

- 熟悉 ThingsBoard 平台的部署。
- 掌握 ThingsBoard 平台的使用。
- 掌握 JavaScript 语言的基础应用。

微课

ThingsBoard 平台
部署与使用

【知识链接】

5.1　ThingsBoard 平台介绍

ThingsBoard 是一个开源的平台，可用于实现物联网项目的快速开发、管理和扩展。ThingsBoard 平台功能如下。

- 设备管理、资产管理和用户管理。
- 基于设备和资产收集数据并对其进行可视化。
- 采集遥测数据并进行相关的事件处理、警报响应。
- 基于远程过程调用（Remote Procedure Call，RPC）进行设备控制。
- 基于生命周期事件、REST API 事件、RPC 请求构建工作流。
- 基于动态设计和响应仪表板提供设备或资产的遥测数据。
- 基于规则链自定义特定功能。
- 发布设备数据至第三方系统。

ThingsBoard 平台架构如图 5-1 所示。

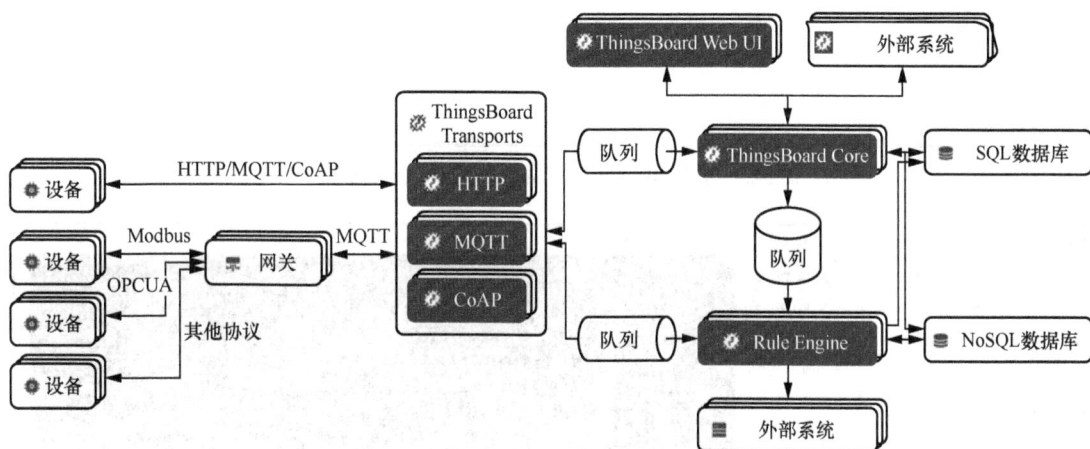

图 5-1　ThingsBoard 平台架构

ThingsBoard Transports：提供了基于 HTTP、消息队列遥测传输（Message Queuing Telemetry Transport，MQTT）和约束应用协议（Constrained Application Protocol，CoAP）的 API，适用于多种设备应用程序/固件。传输层从设备接收到消息后，将被解析并推送到持久的消息队列。

ThingsBoard Core：负责处理 REST API 调用和 WebSocket 订阅，同时负责存储有关活动设备会话和监视设备连接状态。

Rule Engine：是平台的核心，负责处理传入平台的消息。它通过可视化的方式构建规则节点和规则链，实现对数据的处理及存储等。

ThingsBoard Web UI：是一个使用 Express 框架编写的轻量级组件，有丰富的组件类型可以选用，每种组件类型下面又有多种具体的功能组件，支持拖曳式布局。

5.1.1　ThingsBoard 平台部署

（1）在"thingsboard-3.3.4"文件夹中，双击打开"01 启动 ThingsBoard.bat"批处理文件，如图 5-2 所示。启动 ThingsBoard 平台服务，如图 5-3 所示。

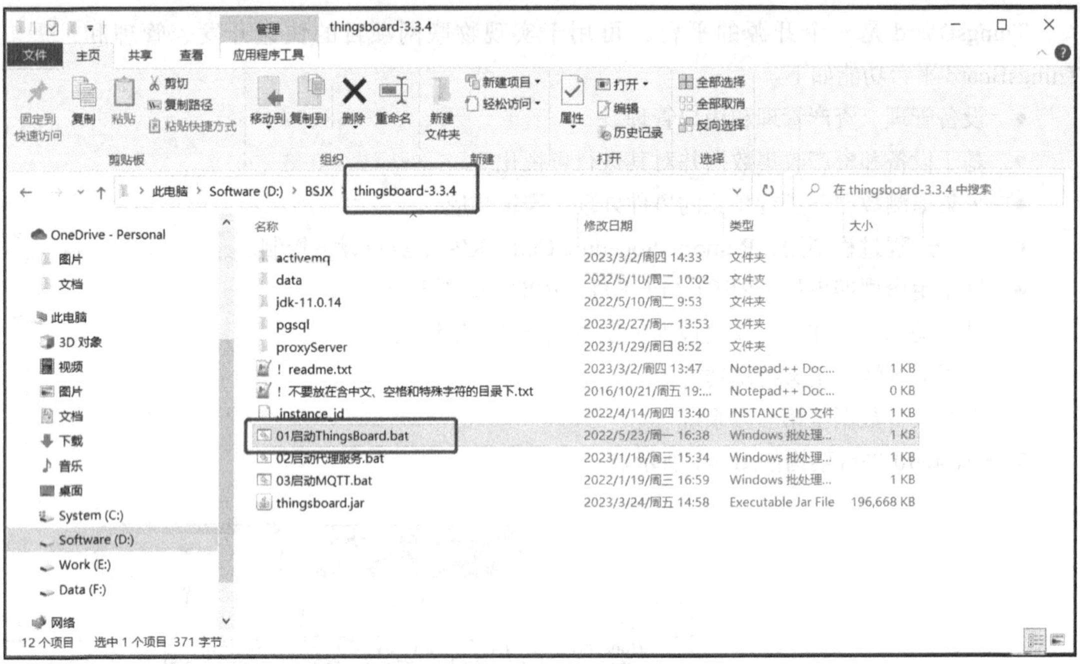

图 5-2　打开"01 启动 ThingsBoard.bat"批处理文件

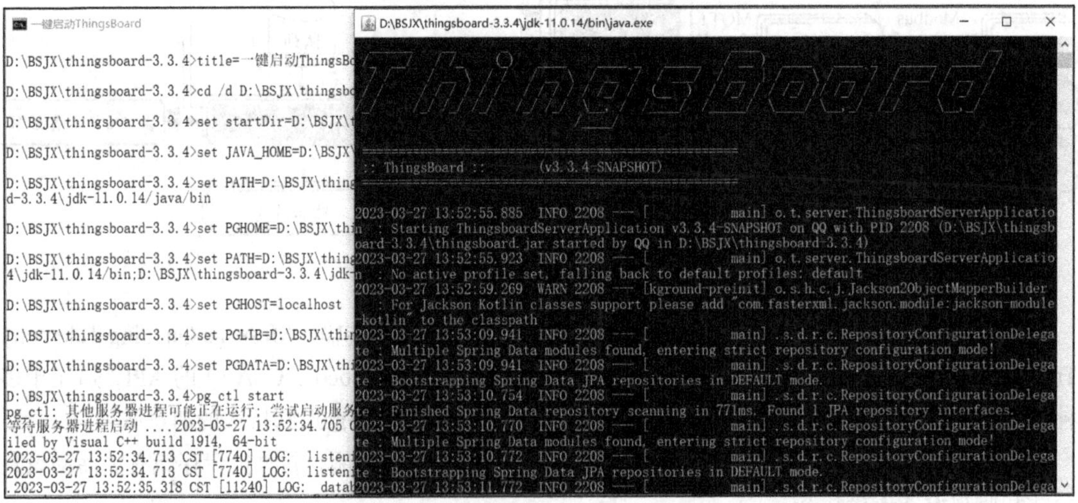

图 5-3　启动 ThingsBoard 平台服务

（2）打开 Chrome 浏览器，在地址栏中输入地址"localhost:8080/login"并按 Enter 键，使用用户名"tenant@thingsboard.org"和密码"tenant"登录 ThingsBoard 平台，如图 5-4 所示。

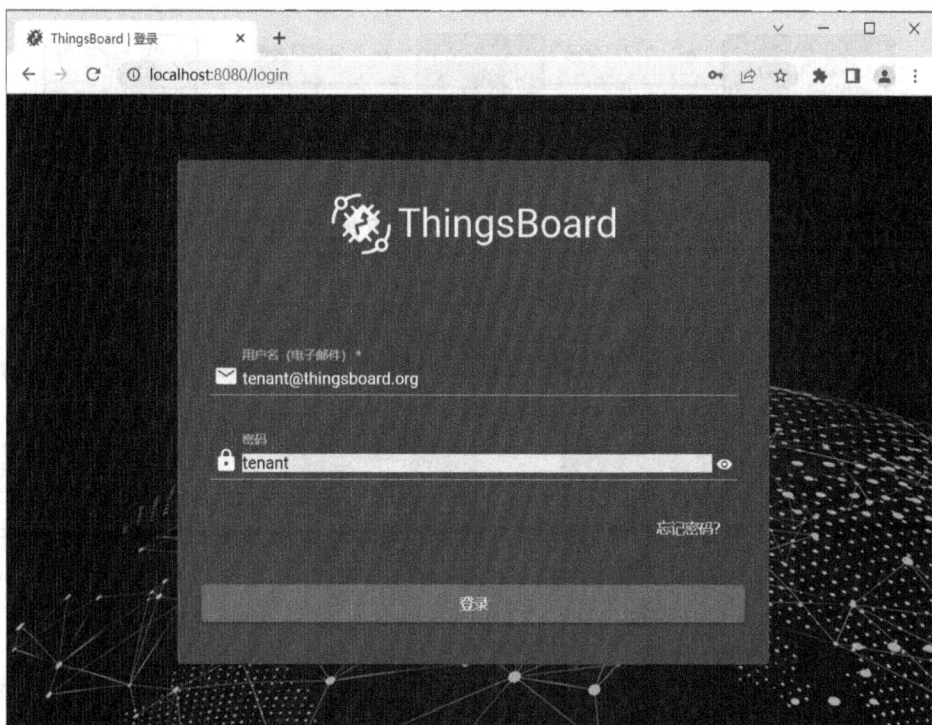

图 5-4　登录 ThingsBoard 平台

（3）登录成功，可以看到 ThingsBoard 平台主界面，如图 5-5 所示。在 ThingsBoard 平台上完成项目 6、项目 7 所述创新应用的开发。

图 5-5　ThingsBoard 平台主界面

在 ThingsBoard 平台上可以分配 3 类用户：系统管理员、租户与客户，三者之间的关系如图 5-6 所示，不同用户可实现的功能不同。

图 5-6　系统管理员、租户与客户的关系

　　系统管理员登录后，ThingsBoard 平台主界面如图 5-7 所示。系统管理员可以进行租户管理、管理部件及系统设置等操作。

图 5-7　系统管理员登录后的 ThingsBoard 平台主界面

　　租户登录后，ThingsBoard 平台主界面如图 5-5 所示。租户能够实现的功能最多，可以使用租户在 ThingsBoard 平台上进行开发。

　　客户登录后，ThingsBoard 平台主界面如图 5-8 所示。客户可以查看资产、设备及仪表板，进行实体视图管理及边缘管理操作。

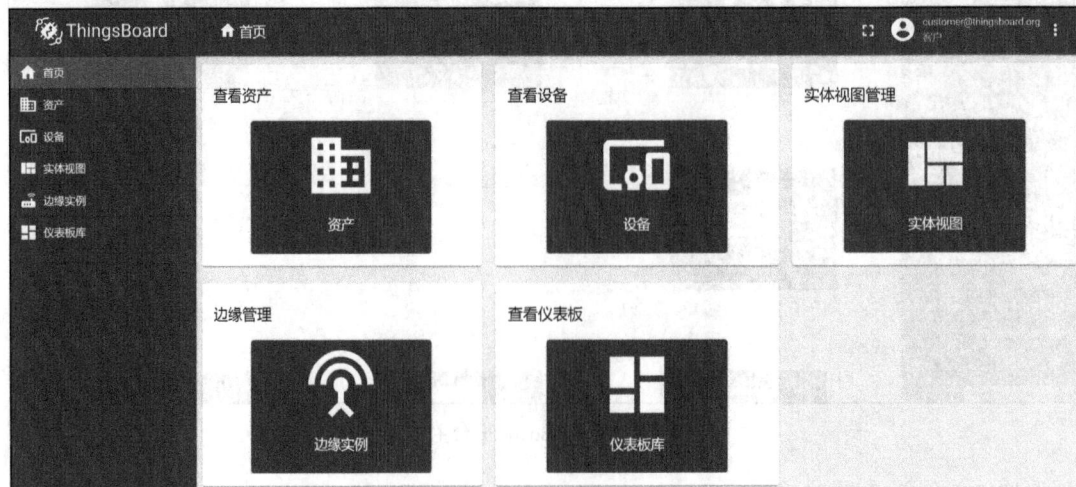

图 5-8　客户登录后的 ThingsBoard 平台主界面

5.1.2 ThingsBoard 平台使用

ThingsBoard 平台可实现数据采集、处理、可视化和设备管理等功能。后文将介绍使用 ThingsBoard 平台开发部件、仪表板，搭建茶叶溯源和订单跟踪的功能界面，实现工业互联网标识解析的创新应用。

1. ThingsBoard 设备管理

（1）设备配置

设备配置是为统一类型的设备配置规则链、队列名称、传输设置、报警规则以及设备的预设置。

在 ThingsBoard 平台主界面中，单击配置菜单中的"设备配置"，进入设备配置界面，如图 5-9 所示。

图 5-9 进入设备配置界面

进入设备配置界面后，可以看到当前用户下的所有设备配置列表。在设备配置列表中，每行的设备配置都有"导出设备配置""设为默认设备配置""删除"选项，如图 5-10 所示。

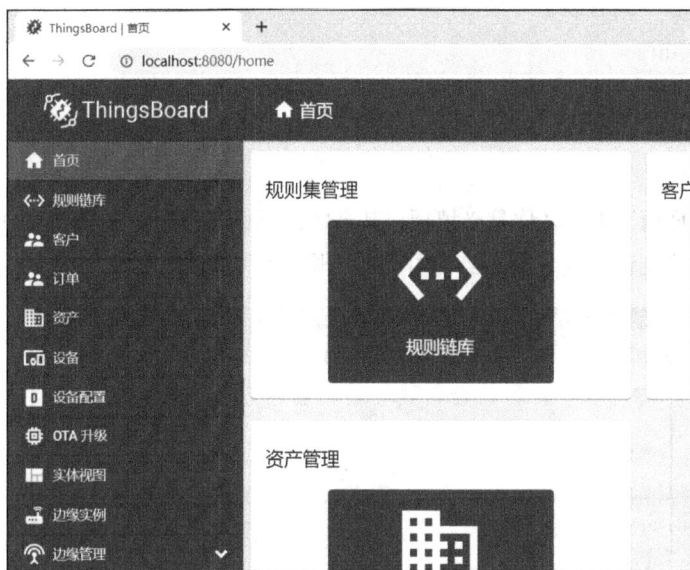

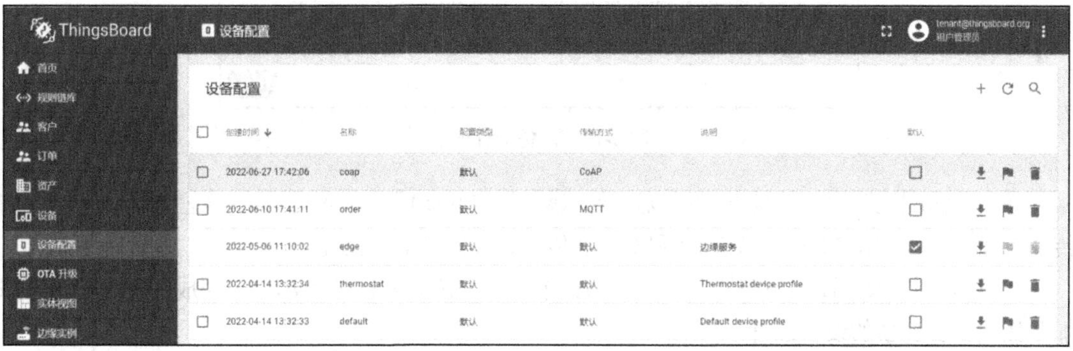

图 5-10 设备配置列表

在设备配置界面中，单击添加设备配置图标，在打开的下拉列表框中选择"创建设备配置"选项，如图 5-11 所示，可以创建一个新的设备配置。

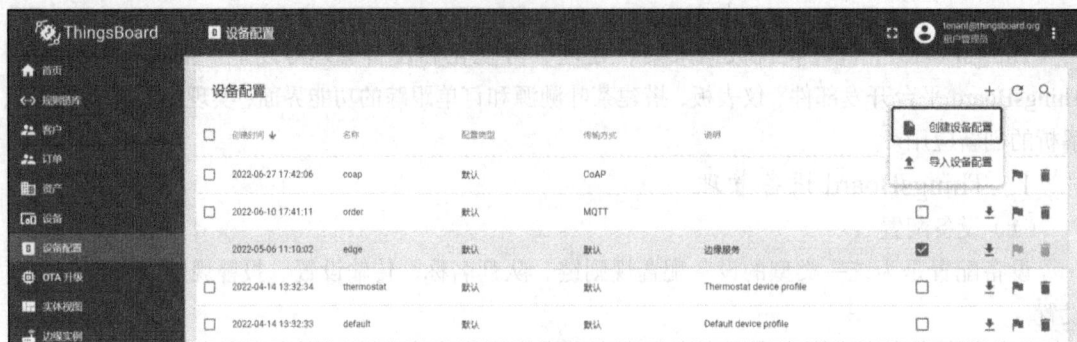

图 5-11　创建设备配置

设备配置的内容一共有以下 4 项。

- 设备配置详情。
- 传输配置。
- 报警规则。
- 设备预配置。

在"设备配置详情"中，名称是必填项，其余的都是非必填项，如图 5-12 所示。每个设备配置都可以挂载一个规则链，且只能从当前可见的规则链库中选择一个。

图 5-12　设备配置详情

在"传输配置"中，传输方式可以选择"默认""MQTT""CoAP"等，这里选择"默认"的传输方式，可以支持 MQTT、HTTP 和 CoAP 传输，如图 5-13 所示。

"报警规则"及"设备预配置"这里不做详细介绍，选择默认选项即可。完成配置，单击"添加"按钮，创建新的设备配置。

如果要修改设备配置，或者查询设备配置的详细信息，可以单击该行设备配置，在右侧的"设备配置详情"弹窗中，单击"切换编辑模式"按钮 ，进入编辑模式，如图 5-14 所示。

图 5-13 传输配置

图 5-14 进入编辑模式

（2）设备

在 ThingsBoard 平台主界面中，单击配置菜单中的"设备"，进入设备界面，可以看到当前用户下的所有设备列表，如图 5-15 所示。在设备列表中，每个设备都有"公开""分配给客户""取消分配客户""管理凭据""删除"等选项。

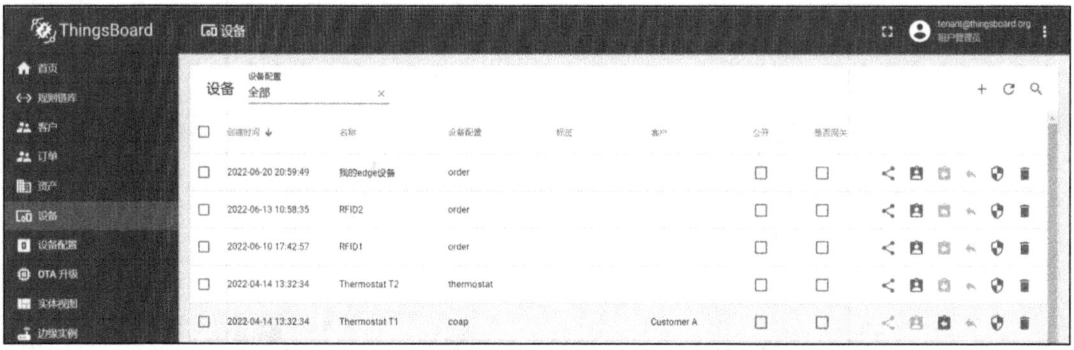

图 5-15 设备列表

在设备界面中，单击添加设备图标，在打开的下拉列表框中选择"添加新设备"选项，可以创建一个新的设备。

添加新设备的内容一共有以下 3 项。

● 设备详细信息。

● 凭据。

● 客户。

在"设备详细信息"中，名称、设备配置是必填项，其余的是非必填项，如图 5-16 所示。每个设备都需要选择已有设备配置或新建设备配置。

图 5-16　设备详细信息

在"凭据"中，选中"添加凭据"复选框，凭据类型选择"Access token"，访问令牌可自定义，如图 5-17 所示。

图 5-17　凭据设置

"客户"可保持默认选项，完成配置，单击"添加"按钮，创建新的设备。

在设备界面中，可以单击设备行，在右侧的"设备详细信息"弹窗中，可以查询和操作的选项有 7 项，如图 5-18 所示。

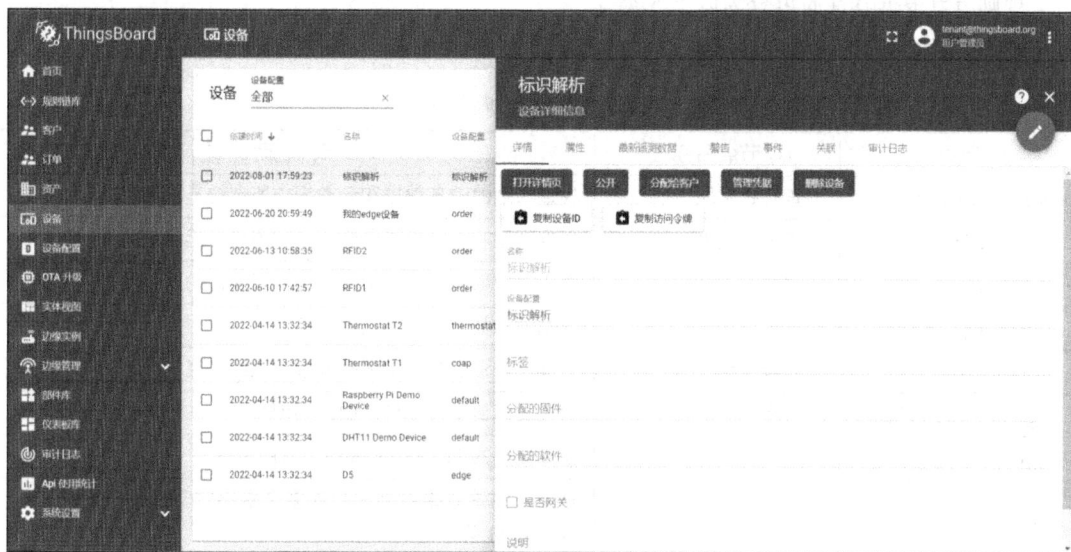

图 5-18   可查询和操作的选项

其中，在"详情"选项卡中可进行"打开详情页""公开""分配给客户""管理凭据""删除设备"等操作；在"最新遥测数据"选项卡中可查看设备上传的遥测数据。

2. ThingsBoard 规则引擎

（1）概念介绍

① 规则引擎。

规则引擎是基于事件开发的一个易于使用的工作流的框架，它有 3 个主要组成部分。

- 事件接收：可以接收设备、设备生命周期事件、REST API 事件、RPC 请求等传入的数据。
- 消息处理：对接收的数据进行过滤、转换或者执行操作。
- 关联消息：接收上一个节点的出站消息并将其发送至下一个节点。

② 规则节点（Rule Node）。

规则节点是规则引擎的主要逻辑单元，它一次处理一个传入消息，并生成一个或多个输出消息。规则节点能过滤、增强、变换传入消息，执行动作或与外部系统交互。

③ 规则节点关联（Rule Node Relation）。

规则节点可以关联到其他规则节点，每种关联都有其关联类型（Relation Type），用于标识节点关系的逻辑标签。规则节点在生成输出消息时，通过指定关联类型将生成的消息路由到下一个节点。

规则节点关联类型有表示成功和不成功的关系（Success 和 Failure），有表示逻辑运算的关系（True 和 False），也有一些特定的规则节点可能使用特殊的关联类型，如 Post Telemetry、Attributes Updated 和 Entity Created 等。

④ 规则链。

规则链是规则节点及其关系的逻辑组，租户可以定义一个根规则链（Root Rule Chain，默认规则链），还可以定义多个其他规则链。根规则链处理所有输入的消息，并将其转发到其他规则链，以进行其他处理。

⑤ 规则节点类型。

规则节点根据其性质可分为以下 5 类。

- 过滤节点（Filter Node）：用于消息过滤和路由。过滤节点说明如表 5-1 所示。

表 5-1　过滤节点说明

节点	节点名称	节点说明
check existence fields	检查存在字段	检查入站的消息数据和元数据中所选键是否存在
check relation	检查节点关系	根据类型和方向检查所选实体和消息发起者的关系
message type	消息类型过滤	用于让管理员为入站消息定义一组允许的消息类型
message type switch	消息类型切换	根据消息类型路由入站的消息
originator type	发起者类型	管理员配置发起者实体类型过滤入站消息
originator type switch	发起者类型转换	通过发起者实体类型路由入站消息
script	脚本	使用配置的 JavaScript 条件传入的消息
switch	交换	根据入站消息路由到一个或多个输出链节点执行已配置的 JavaScript 函数

- 增强节点（Enhance Node）：用于更新传入消息的元数据。增强节点说明如表 5-2 所示。

表 5-2　增强节点说明

节点	节点名称	节点说明
customer attributes	客户属性	查找消息发起者实体的客户并将客户属性或最新遥测数据添加到消息元数据中
customer details	客户详细信息	将客户详细信息中的字段添加到消息正文或元数据中
originator attributes	发起者属性	在消息元数据中添加消息发起者属性和最新的遥测值
originator fields	发起者字段	获取消息发起者实体的字段值并将其添加到消息元数据中
originator telemetry	发起者遥测	将在节点配置中选择的特定时间范围内的消息发起者遥测数据添加到消息元数据中
related attributes	关联属性	查找消息发起者实体的相关实体并将属性或最新遥测数据添加到消息元数据中
tenant attributes	租户属性	查找消息发起者实体的租户并将租户属性或最新遥测值添加到消息元数据中
tenant details	租户详细信息	将字段从租户详细信息添加到消息正文或元数据中

- 变换节点（Transformation Node）：用于更改传入消息的字段。变换节点说明如表 5-3 所示。

表 5-3　变换节点说明

节点	节点名称	节点说明
change originator	变更发起者	输入消息中有一个 originator 字段用来表示消息的发起者实体。该节点能将 originator 值修改为消息发起者实体所属的客户或租户实体，或者其关联的其他实体

节点	节点名称	节点说明
script	脚本	使用已配置的 JavaScript 函数更改消息 payload（有效负载）、metadata 或消息类型
to email	邮件转换	通过使用从消息元数据派生的值填充电子邮件字段，然后将消息转换为电子邮件并设置 SEND_EMAIL 为输出消息类型，最后使用发送邮件节点发送消息

- 动作节点（Action Node）：根据传入的消息执行各种动作。动作节点说明如表 5-4 所示。

表 5-4 动作节点说明

节点	节点名称	节点说明
assign to customer	分配给客户组	将消息发起者实体分配给客户
clear alarm	清除警报	加载具有为消息发起者配置的 Alarm Type 的最新警报并清除警报（如果存在）
create alarm	生成警报	尝试加载为消息发起者配置的 Alarm Type 最新警报
create relation	创建关系	按类型和方向创建所选实体和消息发起者的关系
delay（deprecated）	延迟	通过配置的时间段延迟入站消息
delete relation	删除关系	按类型和方向删除所选实体与消息发起者之间的关系
generator	生成节点	生成具有可配置周期的消息，JavaScript 函数用于生成消息
log	日志节点	使用配置好的 JavaScript 函数将传入消息转换为 String 类型的值并将最终值记录到 ThingsBoard 日志文件中
rpc call reply	RPC 回复	发送从设备来的 RPC 的回复
rpc call request	RPC 请求	将 RPC 请求发送到设备并将响应路由到下一个规则节点
save attributes	保存属性	接收入站消息有效负载的属性，将其存储到数据库中并将它们与消息发起者标识的实体相关联
save timeseries	保存时间序列	将入站消息有效负载时间序列数据存储到数据库，并将它们与消息发起者标识的实体相关联
save to custom table	保存到自定义表	将来自传入消息有效负载的数据存储到自定义数据库表中
unassign from customer	取消用户组分配	从 customer 取消分配消息发起者实体

- 外部节点（External Node）：用于与外部系统进行交互。外部节点说明如表 5-5 所示。

表 5-5 外部节点说明

节点	节点名称	节点说明
aws sns	AWS SNS Node	用来与 AWS SNS（Amazon Web Services Simple Notification Service，亚马逊简单通知服务）交互
aws sqs	AWS SQS Node	将消息发布到 AWS SQS（Amazon Web Services Simple Queue Service，亚马逊简单队列服务）
kafka	Kafka Node	向 Kafka 代理发送消息
mqtt	MQTT Node	将传入消息有效负载发布到已配置的 MQTT 代理的主题
rabbitmq	RabbitMQ Node	将传入消息有效负载发布到 RabbitMQ

节点	节点名称	节点说明
rest api call	REST API Call Node	调用外部 REST（Representational State Transfer，描述性状态迁移）服务器
send email	Send Email Node	通过已配置的邮件服务器发送传入消息

（2）新建规则链

在 ThingsBoard 平台主界面中，单击配置菜单中的"规则链库"，进入规则链库界面，如图 5-19 所示。

图 5-19　进入规则链库界面

进入规则链库界面后，可以看到当前用户下的所有规则链列表，如图 5-20 所示。在规则链列表中，每个规则链都有"打开规则链""导出规则链""设置为根规则链""删除"等选项。

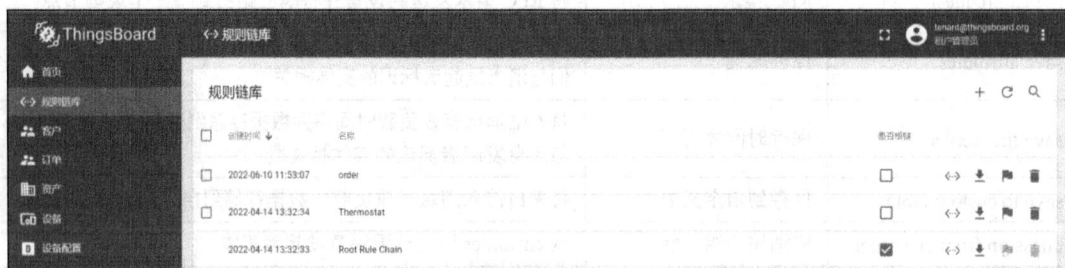

图 5-20　规则链列表

在规则链库界面中，单击添加规则链图标，在打开的下拉列表框中选择"创建新的规则链"选项，如图 5-21 所示，可以创建一个新的规则链。

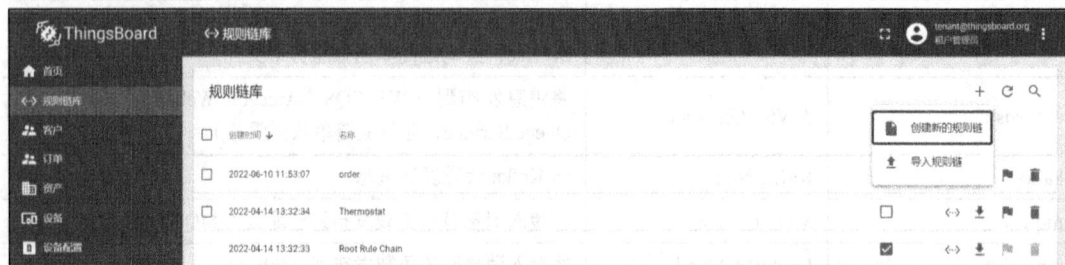

图 5-21　创建规则链

在"添加规则链"对话框中，设置一个规则链名称，并选中"调试模式"复选框，完成设置，单击"添加"按钮，添加规则链，如图 5-22 所示。

图 5-22　添加规则链

在规则链库界面中，可以单击规则链行，在右侧规则链详情弹窗中，可以对规则链进行查询和操作，如图 5-23 所示。

图 5-23　规则链详情

在"详情"选项卡中，单击"打开规则链"按钮，可以进入规则链的配置界面，如图 5-24 所示。

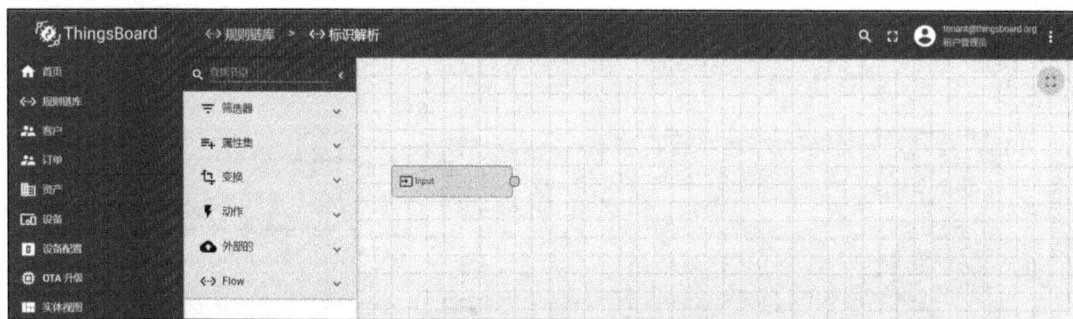

图 5-24　规则链配置界面

在规则链配置界面中，可以根据实际要求，完成规则链的设置。图 5-25 所示为一个简单的规则链示例。入站消息经过一个消息类型切换节点，将输入消息类型为 Post attributes 的数据中的各值作为消息发起者实体的属性值存入数据库，将输入消息类型为 Post telemetry 的数据中的时序遥测数据作为消息发起者实体的时序数据存入数据库。

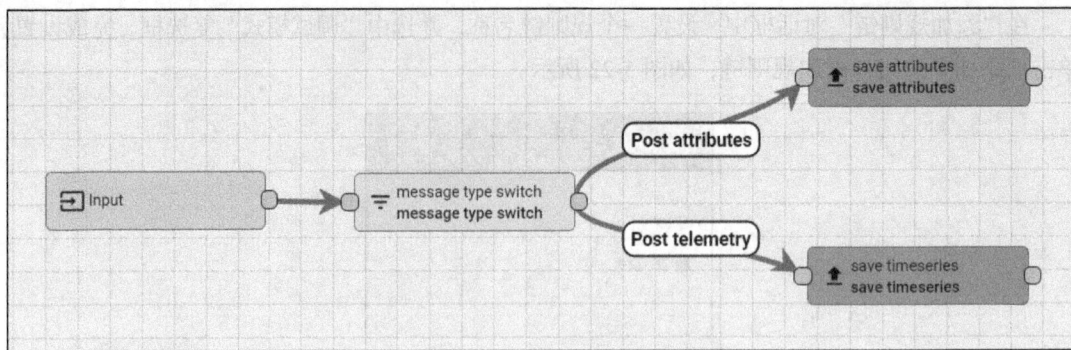

图 5-25　规则链示例

3. ThingsBoard 部件开发

ThingsBoard 部件能够提供一些功能让用户进行操作，如数据可视化、远程设备控制、警报管理以及显示静态自定义超文本标记语言（Hypertext Markup Language，HTML）内容。ThingsBoard平台中的部件不仅可以与任何仪表板集成并展示给用户，还可以根据不同的功能进行开发。

（1）部件类型

根据部件提供的功能，每个部件定义代表了一种特定的部件类型，ThingsBoard 平台包含 5种部件类型。

① Latest values：最新值部件，用于展示特定实体属性或时间序列数据点的最新值。这种部件使用实体属性或时间序列值作为数据源。图 5-26所示为最新值部件示例，该部件实时展示当前的温度值。

② Time-series：时间序列部件，用于显示所选时间段的历史值或特定时间窗口中的最新值。这种部件只使用实体的时间序列值作为数据源。为了指定显示值的时间框架，该部件使用了时间窗口，可以在仪表板级别或部件级别指定时间窗口。图 5-27 所示为时间序列部件示例，该部件实时显示 3 个设备的电流值。

图 5-26　最新值部件示例

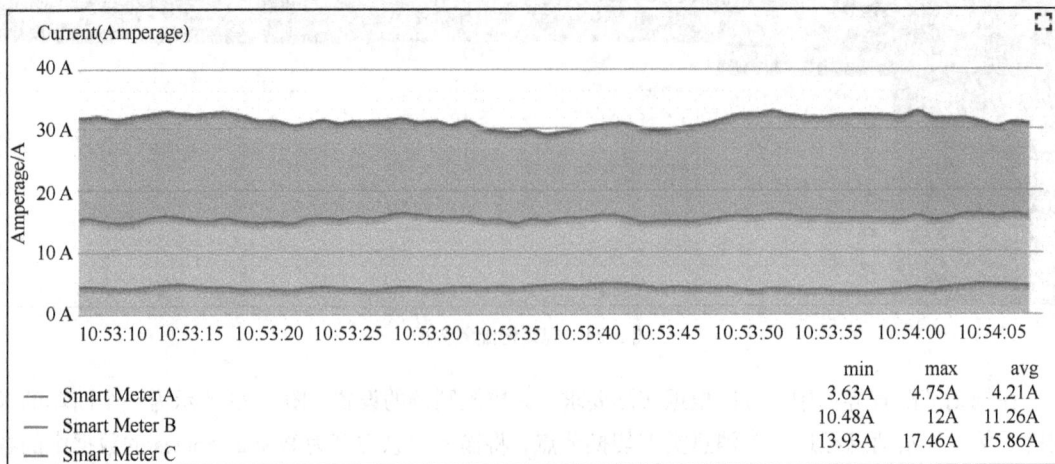

	min	max	avg
Smart Meter A	3.63A	4.75A	4.21A
Smart Meter B	10.48A	12	11.26A
Smart Meter C	13.93A	17.46A	15.86A

图 5-27　时间序列部件示例

③ RPC：控制部件，允许向设备端发送 RPC 命令，并且可以处理/展示来自设备端的响应。通过将目标设备指定为 RPC 命令的目标端点来配置 RPC 部件。图 5-28 所示为控制部件示例，该部件可以发送 GPIO（General Purpose Input/Output，通用输入/输出）切换命令并检测当前的 GPIO 切换状态。

图 5-28　控制部件示例

④ Alarm：告警部件，用于在指定的时间窗口内显示与指定实体相关的告警信息。告警部件通过指定"实体"为告警数据源以及对应的告警字段进行配置。与时间序列部件一样，告警部件也使用了时间窗口，以便指定显示告警的时间框架。图 5-29 所示为告警部件示例，该部件实时显示设备的最新告警。

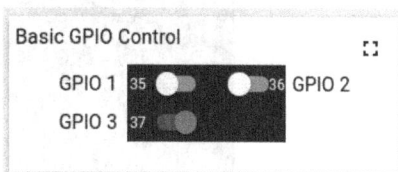

图 5-29　告警部件示例

⑤ Static：静态内容部件，用于展示静态的、自定义的 HTML 内容（如 HTML 卡片）。静态内容部件不使用任何数据源，它通过指定静态 HTML 内容和可选的串联样式表（Cascading Style Sheets，CSS）样式来配置。图 5-30 所示为静态内容部件示例，该部件显示指定 HTML 内容。

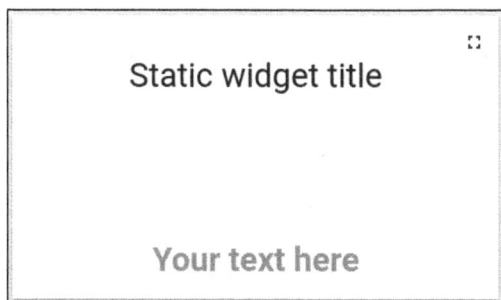

图 5-30　静态内容部件示例

（2）部件开发

在 ThingsBoard 平台主界面中，单击配置菜单中的"部件库"，进入部件库界面，如图 5-31 所示。

图 5-31　进入部件库界面

在部件库界面中，单击添加部件包图标，在打开的下拉列表框中选择"创建新的部件包"选项，可以创建一个新的部件包，如图 5-32 所示。若选择"导入部件包"选项，则可以直接导入并使用已开发完成的 JSON 格式部件包。

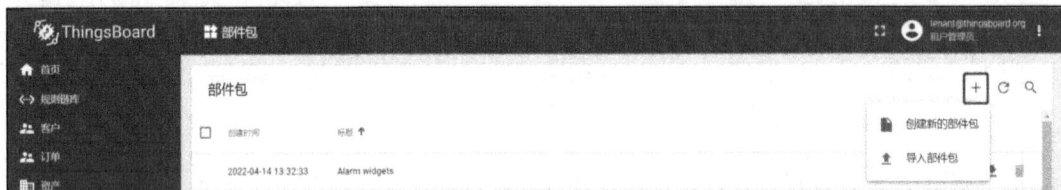

图 5-32　创建部件包

可以在 ThingsBoard 平台的部件编辑器中创建、编辑部件，如图 5-33 所示。

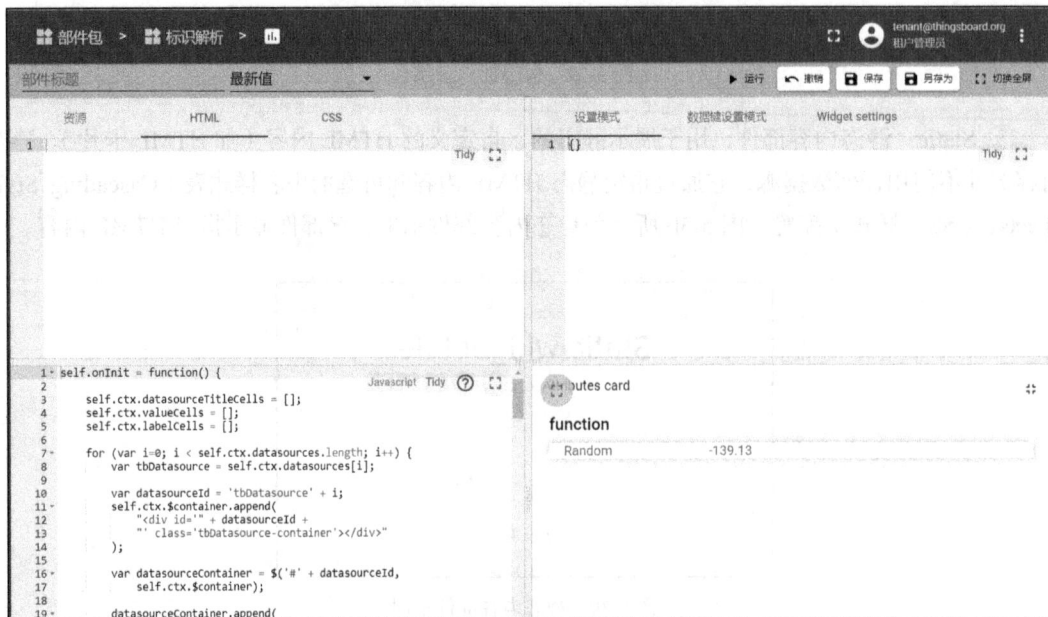

图 5-33　ThingsBoard 平台的部件编辑器

ThingsBoard 平台的部件编辑器由工具栏和以下 4 个主要窗口组成。

- HTML 和 CSS 资源窗口。
- 设置窗口。

●　部件预览窗口。

●　JavaScript 窗口。

① 工具栏包含部件标题、部件类型、"运行"按钮、"撤销"按钮、"保存"按钮、"另存为"按钮等。

② HTML 和 CSS 资源窗口如图 5-34 所示。

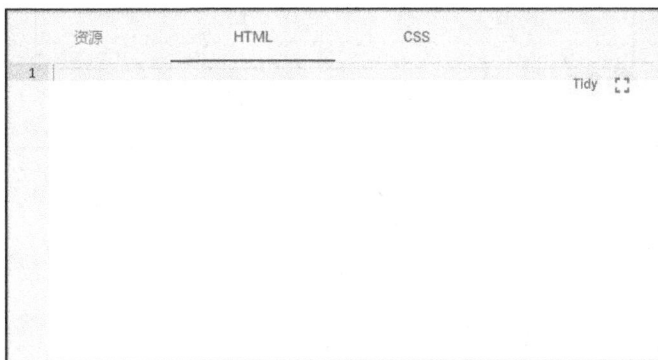

图 5-34　HTML 和 CSS 资源窗口

"资源"选项卡用于指定窗口部件使用的外部 JavaScript/CSS 资源。

"HTML"选项卡包含部件 HTML 的代码（注意，此内容可以为空并由代码动态创建）。

"CSS"选项卡包含部件的 CSS 样式定义。

③ 设置窗口如图 5-35 所示。

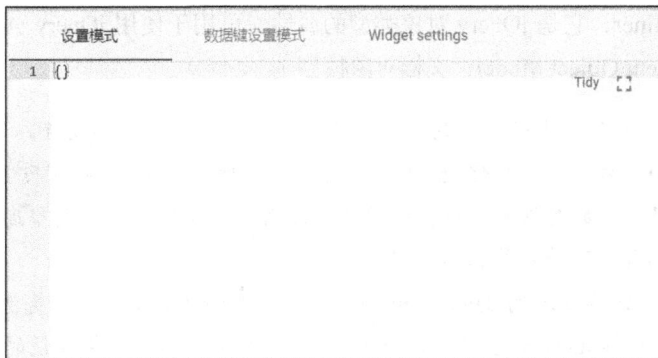

图 5-35　设置窗口

"设置模式"选项卡用于指定部件设置的 JSON 模式并使用基于 JSON 模式的表单可视化编辑器。

"数据键设置模式"选项卡用于指定数据键为 JSON 模式并使用基于 JSON 模式的表单可视化编辑器。

"Widget settings"选项卡用于设置部件的预览图像及描述说明。

④ 部件预览窗口如图 5-36 所示。

部件预览窗口用于预览和测试编辑窗口中的部件定义。

⑤ JavaScript 窗口如图 5-37 所示。

JavaScript 窗口包含所有与部件相关的代码，并提供内置变量 self 用于引用部件实例，所有部件函数都必须被定义为 self 变量的属性。

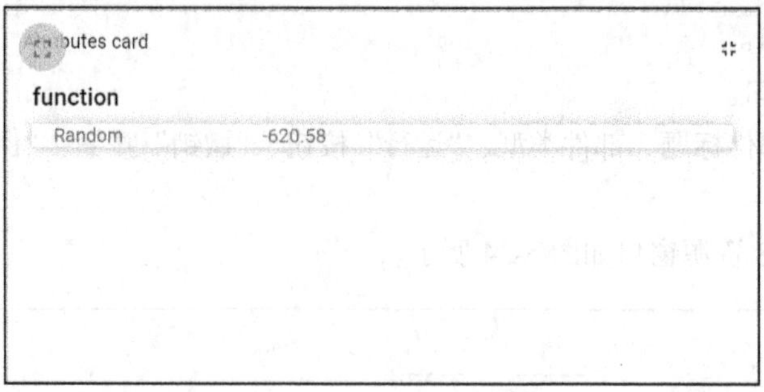

图 5-36　部件预览窗口

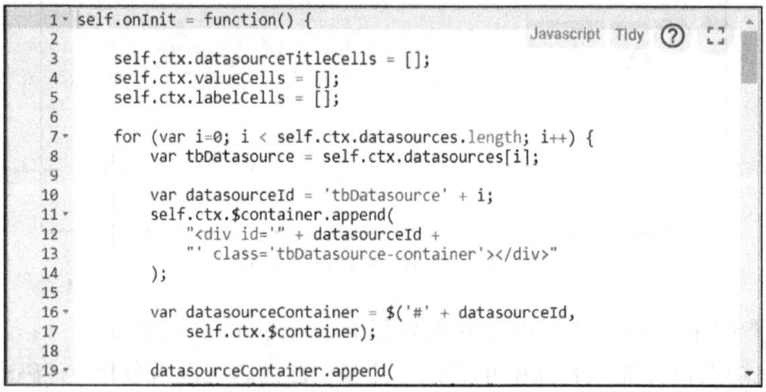


```
self.onInit = function() {

    self.ctx.datasourceTitleCells = [];
    self.ctx.valueCells = [];
    self.ctx.labelCells = [];

    for (var i=0; i < self.ctx.datasources.length; i++) {
        var tbDatasource = self.ctx.datasources[i];

        var datasourceId = 'tbDatasource' + i;
        self.ctx.$container.append(
            "<div id='" + datasourceId +
            "' class='tbDatasource-container'></div>"
        );

        var datasourceContainer = $('#' + datasourceId,
            self.ctx.$container);

        datasourceContainer.append(
```

图 5-37　JavaScript 窗口

self 变量有 ctx（context）属性，能够引用部件实例使用的所有 API 和数据的对象；ctx 属性中最常用的是$container，它是 jQuery 对象类型的属性，可用于使用 jQuery API 动态访问或修改部件 DOM（Document Object Model，文档对象模型）。

知识点

JavaScript 是一种脚本语言，用于处理网页和用户之间的动态交互，使网页可以包含更多的元素和内容。为了简化 JavaScript 的开发，JavaScript 库应运而生。JavaScript 库封装了很多预定义的对象和函数，能够帮助使用者轻松地创建有高难度交互的 Web 特性的富客户端页面，并且兼容各大浏览器。

jQuery 是一个轻量级的 JavaScript 库（或 JavaScript 框架），也是使用最广泛的一个 JavaScript 库。jQuery 封装了 JavaScript 常用的功能代码，提供简便的 JavaScript 设计模式，优化 HTML 文档操作、事件处理、动画设计和 AJAX 交互，并且兼容各大主流浏览器。

综上所述，ThingsBoard 平台上的开发任务会涉及网页开发的相关知识，需要能使用以下 3 种网页开发语言。

- HTML：用于定义网页的内容。
- CSS：用于描述网页的布局。
- JavaScript：简称 JS，用于控制网页的行为。

没有网页开发基础的读者不用担心，本书以实现功能为目标，会在给定代码框架下指导读者编写程序，读者可以先学习 5.2 节；有基础的读者可以跳过 5.2 节，完成项目 6、项目 7 所述创新应用的开发，并可在项目 6、项目 7 的基础上做进一步的功能开发。

4. ThingsBoard 仪表板

ThingsBoard 仪表板支持自定义的数据可视化展示。在每个仪表板中包含许多小部件，使用这些小部件可以对来自不同设备的数据进行可视化展示。

在 ThingsBoard 平台主界面中，单击配置菜单中的"仪表板库"，进入仪表板库界面，如图 5-38 所示。

图 5-38　进入仪表板库界面

在仪表板库界面中，单击添加仪表板图标，在打开的下拉列表框中选择"创建新的仪表板"选项，可以创建一个新的仪表板，如图 5-39 所示。

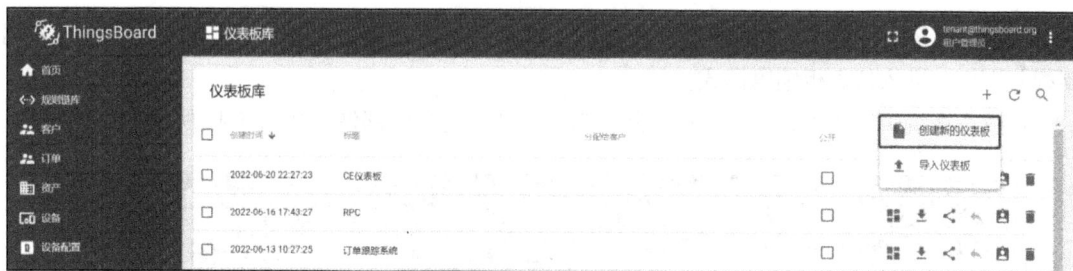

图 5-39　创建仪表板

在"添加仪表板"对话框中，设置一个仪表板标题，完成设置后，单击"添加"按钮，添加新的仪表板，如图 5-40 所示。

图 5-40　添加仪表板

在仪表板列表中，单击打开仪表板图标，可以进入仪表板配置界面，如图 5-41 所示。

图 5-41　仪表板配置界面

在仪表板配置界面中，可以根据实际要求，完成自定义的可视化展示。单击右下角的进入编辑模式图标，进入仪表板编辑模式。

在仪表板编辑模式中，可以根据实际要求，添加自定义的部件，如图 5-42 所示。

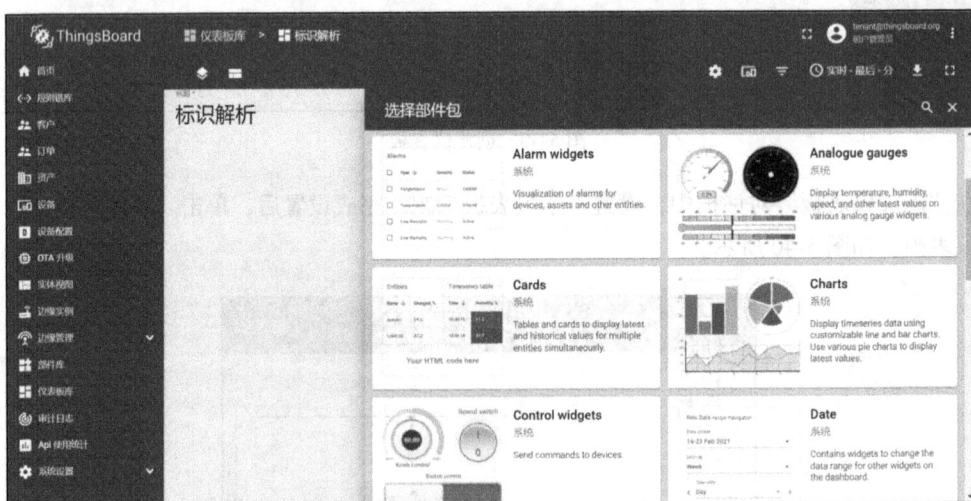

图 5-42　添加自定义的部件

5.2　Web 前端开发基础

5.2.1　Web 前端开发的基本概念

Web 是互联网（Internet）上最受欢迎的一种多媒体信息服务系统。整个系统由 Web 服务器、浏览器和通信协议组成。通信协议 HTTP 能够传输任意类型的数据对象来满足 Web 服务器与客户之间的多媒体通信的需求。

Web 开发分为后端（Back-End）开发和前端（Front-End）开发两部分。后端开发指的是程序、数据库和服务器层面的开发，而前端开发是指直接与用户接触的网页，如布局、特效、交互等的开发。

前端开发的主要工作是把 UI 的设计图按照万维网联盟（World Wide Web Consortium，W3C）的标准做成 HTML 页面，用 CSS 进行布局，并且用 JavaScript 脚本语言实现页面上的前端互动，互动效果包括弹出层、页签切换、图片滚动、AJAX 异步互动等。

由于 ThingsBoard 平台的重点是 JavaScript 代码开发，因此本书主要介绍 JavaScript 基础（见5.2.3 小节）。

微课

HTML 基础

5.2.2　HTML 基础

1．HTML 文件结构

HTML 文件可分为头部和主体两部分。其中，文档头部使用 head 元素进行定义。head 元素是所有头部元素的容器。head 中的元素可以用于设定文档标题、提供元信息、指定样式表，甚至引用脚本等。不过，绝大多数文档头部包含的数据都不会作为真正的内容显示给读者。

文档主体使用 body 元素进行定义。body 元素用于定义文档的主体，即用户可以在移动页面上直接看到的内容，基本包含文档呈现的所有内容，例如文本、超链接、图像、表格和列表等。

```
<!DOCTYPE html>
<html>
    <head>
    </head>
    <body>
    </body>
</html>
```

2．文本控制标记

（1）标题标记：<hi>标题</hi>，其中 i 表示标题级数，取值为 1~6 的整数。

（2）段落标记：<p>段落内容</p>。

（3）换行标记：
，用于定义从新的一行显示文本，它不产生一个空行，但连续多个的
标记可以产生多个空行的效果。
标记是非成对标记。

（4）水平线标记：<hr>，用于产生一条水平线，以分隔文档的不同部分。

（5）字形标记：详见表 5-6。

表 5-6　字形标记

标记	含义
...	粗体标记
<i>...</i>	斜体标记
<big>...</big>	大字体标记
<small>...</small>	小字体标记

续表

标记	含义
<u>...</u>	下划线标记
^{...}	上标标记
_{...}	下标标记
<strong>... </strong>	加粗标记
<mark>... </mark>	定义带有记号的文本

（6）<div>标记：用来排版大块 HTML 段落、设置多个段落的文本对齐方式等。

（7）<span>标记：用来组合文档中的行内元素，使用方法和<div>标记的基本相同。

（8）图像标记：<img>，是一个单标记，规范的图像标记语法格式为<img 属性="属性值">。

（9）超链接标记：<a>，可以实现网页超链接，基本语法结构为<a href=URL>网页元素</a>，其中 href 属性用于指定超链接所要链接的地址。

微课

JavaScript 基础

5.2.3 JavaScript 基础

1．JavaScript 引入方式

想要在 HTML 中引入 JavaScript，一般可以使用 3 种方式。

（1）外部 JavaScript：指把 HTML 代码和 JavaScript 代码单独放在不同的文件中，然后在 HTML 文档中使用<script>标记来引入 JavaScript 代码。

外部 JavaScript 是最理想的 JavaScript 引入方式。在实际开发中，为了提升网站的性能和可维护性，一般都会使用外部 JavaScript 引入 JavaScript。

该方式的语法如下：

```html
<!DOCTYPE html>
<html>
  <head>
    <meta charset="utf-8" />
    <title></title>
    <!--1.在 head 元素中引入-->
    <script src="index.js"></script>
  </head>
  <body>
    <!--2.在 body 元素中引入-->
    <script src="index.js"></script>
  </body>
</html>
```

（2）内部 JavaScript：指把 HTML 代码和 JavaScript 代码放在同一个文件中，并将 JavaScript 代码写在<script></script>内。

该方式的语法如下：

```html
<!DOCTYPE html>
  <html>
```

```
  <head>
    <meta charset="utf-8" />
    <title></title>
    <!--1.在 head 元素中引入-->
    <script>
    …
    </script>
  </head>
  <body>
    <!--2.在 body 元素中引入-->
    <script>
    …
    </script>
  </body>
</html>
```

（3）元素属性 JavaScript：指在元素的"事件属性"中直接编写 JavaScript 代码或调用函数。
举例：在元素事件中编写 JavaScript 代码。

```
<!DOCTYPE html>
<html>
  <head>
    <meta charset="utf-8" />
    <title></title>
  </head>
  <body>
    <input type="button" value="按钮" onclick="alert('欢迎使用 NewLand 工业互联网标识解析
系统！')"/>
    </body>
</html>
```

举例：在元素事件中调用函数。

```
<!DOCTYPE html>
<html>
  <head>
    <meta charset="utf-8" />
    <title></title>
    <script>
      function alertMes()
      {
          alert("欢迎使用 NewLand 工业互联网标识解析系统！");
      }
    </script>
  </head>
  <body>
    <input type="button" value="按钮" onclick="alertMes()"/>
```

```
      </body>
   </html>
```

2. JavaScript 数据类型

JavaScript 数据类型如下。

值类型（基本类型）：字符串（String）、数字（Number）、布尔（Boolean）、空（Null）、未定义（Undefined）、Symbol。

引用数据类型（对象类型）：常用的有对象（Object）、数组（Array）、函数（Function）。引用数据类型中还有两个特殊的：正则（RegExp）和日期（Date）。

JavaScript 拥有动态类型，这意味着相同的变量可以属于不同的类型。

```
var x;                    // x 的类型为未定义
var x = 5;                // 现在 x的类型为数字
var x = "John";           // 现在 x的类型为字符串
```

3. JavaScript 对象

JavaScript 对象是拥有属性和方法的数据。

可以将真实生活中的一辆汽车看作一个对象。对象有它的属性，如重量和颜色等，方法有启动和停止等，如表 5-7 所示。

表 5-7　将一辆汽车看作一个对象

对象	属性	方法
	car.name = BYD car.model = Song car.weight = 1600 car.color = white	car.start() car.drive() car.brake() car.stop() car.isGood()

以下代码为变量 car 赋值 "BYD"。

```
var car = "BYD";
```

对象也是一个变量，但对象可以包含多个值（多个变量），每个值以名值对的形式呈现。

```
var car = {name: "BYD", model: Song, color: "white"};
```

在以上示例中，将 3 个值 "BYD" "Song" "white" 赋给了变量 car。

JavaScript 对象是变量的容器。但是，通常认为 JavaScript 对象是键值对/名值对的容器。在 JavaScript 对象中，键值对通常被称为对象属性。

可以通过两种方式访问对象属性。

```
car.name;
```

或者

```
car["name"];
```

对象方法是一个函数，也作为对象的属性被存储。下面的示例访问了 car 对象的 isGood()方法，并将其返回值赋值给 buy 变量。

```
var buy = car.isGood();
```

所以，也可以说 JavaScript 对象是属性和方法的容器。

创建一个 JavaScript 对象 student，并列出对应该对象的几个属性和方法。

【项目实施】

5.3　ThingsBoard 仪表板开发

本案例通过智能网关采集 PLC 中的温度、湿度数据，通过 MQTT 通信协议与 ThingsBoard 平台进行数据传输，并在平台上可视化展示温度、湿度的实时数据。

5.3.1　通信配置

1.　新建设备

根据 5.1.2 小节的 ThingsBoard 设备管理内容，在 ThingsBoard 平台中添加一个名为"智能网关"的新设备，定义设备的"凭据类型"为"Access token"，"访问令牌"可自定义，这里设定为"A02"，如图 5-43 所示。

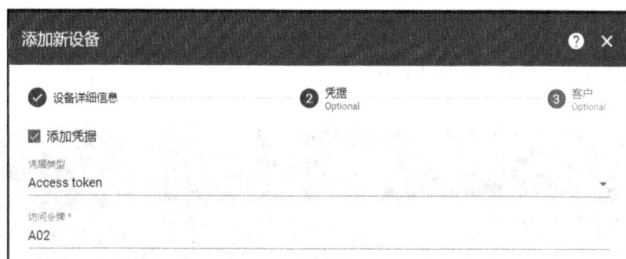

图 5-43　设备凭据设置

2.　规则链配置

根据 5.1.2 小节的 ThingsBoard 规则引擎内容，在 ThingsBoard 平台中新建一个"数据采集"的规则链并配置。在图 5-25 所示的简单规则链示例中，将输入消息类型为 Post telemetry 的数据中的时序遥测数据作为消息发起者实体的时序数据，经过数据处理节点处理后存入数据库，如图 5-44 所示。

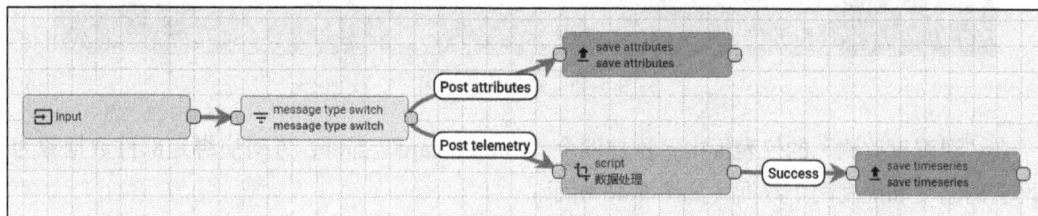

图 5-44　简单规则链示例

数据处理节点通过变换节点的脚本进行数据处理，脚本如下。

```
var datas =[];
datas =msg.d;
var newMsg = {};

for(var i in datas){
    var data = datas[i];
    if(data.tag == "Hum"){
        newMsg.湿度 = data.value;
    }
    if(data.tag == "Tem"){
        newMsg.温度 = data.value;
    }

}
return {msg: newMsg, metadata: metadata, msgType: msgType};
```

5.3.2 仪表板配置

根据 5.1.2 小节的 ThingsBoard 仪表板内容，在 ThingsBoard 平台中添加一个"温湿度监测"的新仪表板。在编辑模式中，可以添加仪表板的实体别名，与设备进行绑定。单击实体别名图标，在弹出的"实体别名"对话框中，单击"添加别名"按钮打开"添加别名"对话框，在其中添加新的实体别名"智能网关"，如图 5-45 所示。

图 5-45　添加实体别名

在"温湿度监测"的仪表板中，添加两个"Simple card"部件，并对应绑定部件数据源为智能网关的温度和湿度两个数据，如图 5-46 所示。

图 5-46　绑定部件数据源

绑定完成，设置数据的显示格式，应用更改完成的温湿度数据的可视化显示，如图 5-47 所示。

图 5-47　温湿度数据的可视化显示

【项目小结】

本项目通过 ThingsBoard 平台的学习实训，帮助读者掌握 ThingsBoard 平台的部署、使用及可视化应用，也为后续的工业互联网标识解析创新应用奠定基础。项目小结思维导图如图 5-48 所示。

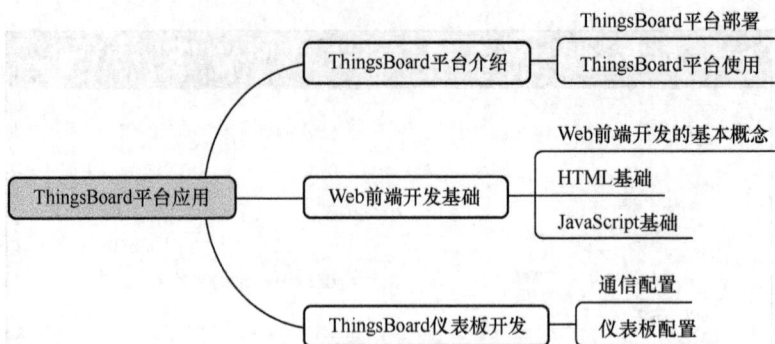

图 5-48　项目小结思维导图

【思考与练习】

（1）简述 ThingsBoard 平台的仪表板开发步骤。

（2）根据 ThingsBoard 开发步骤，开发一个自定义部件。

项目6

工业互联网标识解析在产品/设备层的创新应用

【案例引入】

工业互联网标识解析在产品/设备层主要面向产品追溯管理、产品全生命周期管理、设备维修管理、质检管理、防伪防窜管理等场景开展工业互联网标识应用。通过工业互联网标识解析技术，对生产过程中的每个环节进行标识和记录，包括原材料采购、生产加工、包装运输等环节。这样，在产品出现质量问题时，可以通过标识解析技术快速定位问题所在，并进行有效的处理和追溯。同时，通过对生产过程的全程记录和追溯，可以提高生产效率和管理水平，降低生产成本，提高产品质量和安全性。

【职业能力目标】

能根据业务需求，完成标识解析在产品/设备层的应用开发。

【学习目标】

- 熟悉产品溯源流程。
- 理解产品标识在溯源流程中的作用。
- 能够模仿案例项目在 ThingsBoard 平台上创建其他功能模块。

【知识链接】

6.1 产品溯源介绍

1.3 节中将工业互联网标识应用体系基于工业互联网标识应用对象分为产品/设备、流程/过程和产业/资源 3 个层次，其中产品/设备层作为最底层、最基础的应用层，涉及产品追溯管理、产品全生命周期管理、设备维修管理等。其中产品追溯（或溯源）是与普通用户距离最近的应用，每个人在生活中都可能接触到带有溯源标识的产品。对于消费者而言，商品能溯源信息在一定程度上表示商品品质有保障；对于生产商品的企业而言，能够实现商品溯源说明企业重视全过程信息采集，信息化能力和水平较高。

abc 拓展

全生命周期优化是指在产品设计、生产、经销、物流、使用、维修保养直到回收利用或报废的过程中，基于标识解析统一编码规范，实现全生命周期管理数据交互，将各环节数据串联并挖掘利用，为生产厂家提供产品改进建议；为运营或维护企业提供设备运行优化、远程监控及预测性维修决策依据；保障生产及资产安全、降低运维费用、提高运行效率，实现资产价值最大化。

天目湖互联与江苏联通合作共建溧阳标识解析二级节点，利用农产品防伪追溯体系，实现白茶从"茶田到杯中"的全流程追溯，提升茶叶附加值，构建良性市场氛围。如图 6-1 所示，企业在白茶的种植环节安装传感器和摄像头，实时感知环境变化，监测白茶的生长环境状态（如土壤状态、二氧化碳浓度、温湿度等环境参数）、种植操作过程（播种、施肥、灌溉）、白茶加工批次以及物流、销售等环节，并借助标识解析体系为每罐茶叶打上唯一的身份标识，消费者只需通过其身份标识就能找到溧阳白茶全生命周期中的溯源信息。

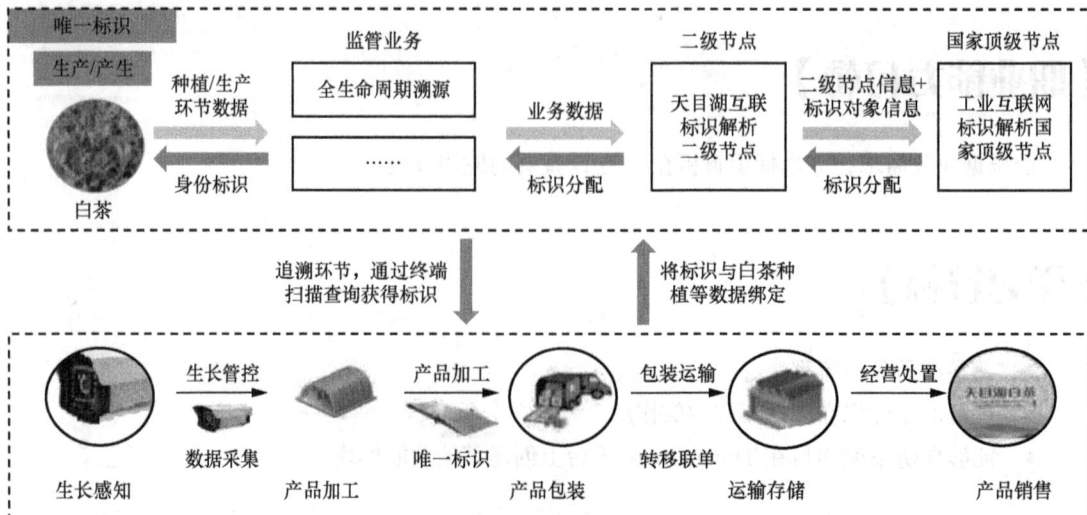

图 6-1 白茶标识溯源过程

　　基于 ThingsBoard 平台开发茶叶溯源项目，生成面向企业用户和终端客户的可视化茶叶溯源仪表板，如图 6-2 和图 6-3 所示；通过开发茶叶标识的注册、更新、查询和删除等功能，实现茶叶信息的溯源。

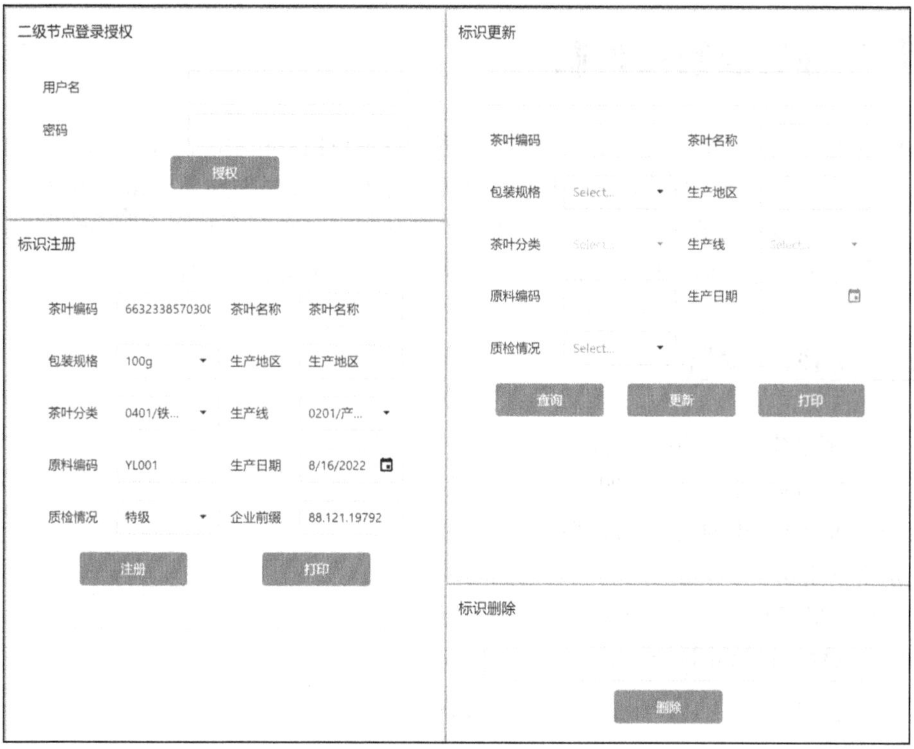

图 6-2　面向企业用户的可视化茶叶溯源仪表板

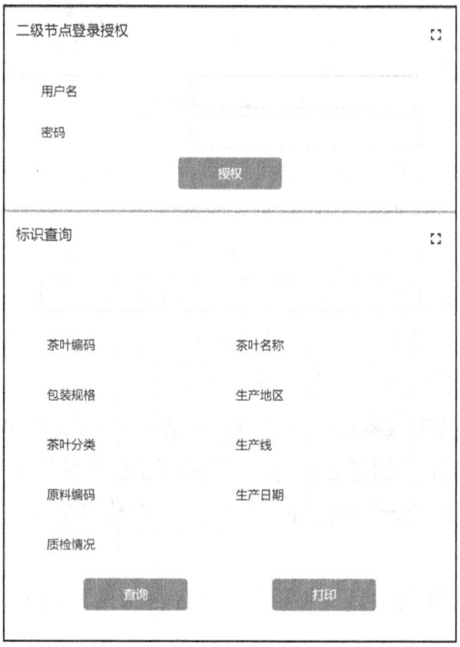

图 6-3　面向终端客户的可视化茶叶溯源仪表板

【项目实施】

6.2 二级节点登录授权

图 6-2 和图 6-3 所示的面向企业用户和终端客户的可视化茶叶溯源仪表板，都有一个"二级节点登录授权"窗口部件，因为不管是标识注册还是标识查询，本质上都是从标识解析二级节点业务管理系统中获取标识编码相关信息。本节将介绍如何创建这个用于登录授权的窗口部件。

为了让读者更好地理解授权认证这个过程，先来讲解两个概念——加密和令牌。

6.2.1 加密和令牌

通常，加密系统包括以下 4 个部分。
- 需要加密的初始消息，即明文。
- 用于加密或解密的钥匙，即密钥。
- 加密算法或解密算法。
- 加密后形成的消息，即密文。

加密和解密的过程如图 6-4 所示。

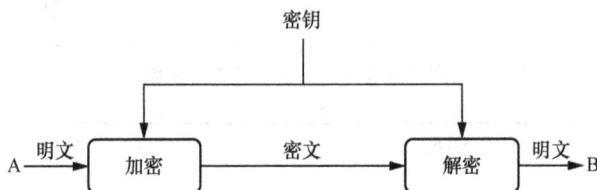

图 6-4 加密和解密的过程

令牌的概念更加直白，它是认证的标志和结果。有了某个令牌，就表示你得到了某种授权，可以做一些事。相对于账号、密码，令牌更加方便和安全。

例如，当你告诉他人你的账号、密码来让他登录某个系统后，除非你很信任这个人，否则你就得尽快修改账号或密码，保证账户安全。但如果这个系统能根据你的账号、密码制作一个唯一的令牌，这个令牌上看不出任何你的个人信息，但凭借它，他人可以在一段时间内（也就是授权期内）顺利使用你的账号登录系统，这样是否更加安全呢？

这里就要提到一个认证机制或标准——JSON 网络令牌（JSON Web Token，JWT），目前很多网站都使用 JWT 进行登录验证。如图 6-5 所示，JWT 的生命周期分为以下 5 步。
- 用户在前端通过账号和密码进行登录操作，客户端将身份信息发送到后端服务器进行身份验证。
- 若后端服务器通过了身份验证，则会将一部分身份信息通过非对称加密的方式生成 JWT，并将其返回给前端。
- 前端获取到 JWT 之后，会将 JWT 保存在本地。

- 前端每次向后端发送的数据请求都会携带 JWT。
- 后端验证 JWT，如果通过验证，就返回请求的数据；如果未通过验证，就返回错误提示。

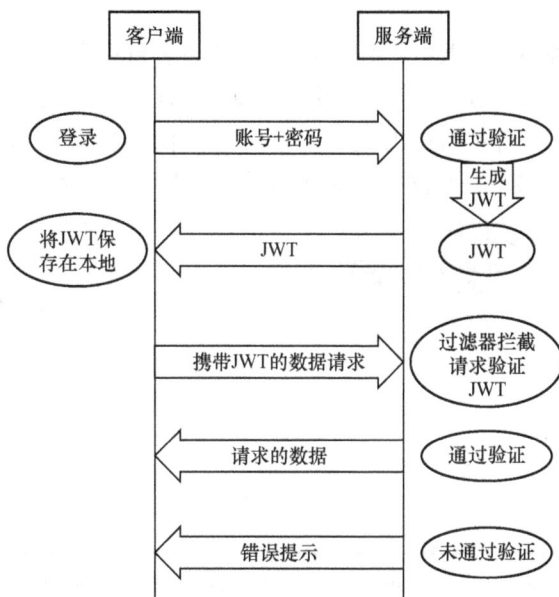

图 6-5　JWT 的生命周期

根据二级节点管理系统关于接口的描述（参见 4.2.1 小节），通过向二级节点指定 URL 发送正确的用户名和密文密码，可以从请求的响应参数中获取登录授权的令牌。密文是通过明文加密获得的，加密过程如式（1）所示。

$$newPassword=sha256[sha256(password)+"yyyy-mm-dd"]$$ （1）

这里的 sha256 代表加密算法 SHA-256，"yyyy-mm-dd"代表时间戳字符串。

> **abc 拓展**　SHA（Secure Hash Algorithm，安全哈希算法）是美国国家标准与技术研究院和美国国家安全局设计的一种标准的哈希算法，其安全性很高。

SHA 有 SHA-1、SHA-2、SHA-3 三大类，而 SHA-1 已经被破解，SHA-3 应用较少。SHA-1 是第一代 SHA 标准，后来的 SHA-224、SHA-256、SHA-384 和 SHA-512 被统称为 SHA-2。目前应用广泛、相对安全的是 SHA-2。各种 SHA 的数据比较如表 6-1 所示，其中的长度单位均为位。

表 6-1　各种 SHA 的数据比较

类别	SHA-1	SHA-224	SHA-256	SHA-384	SHA-512
消息摘要长度	160	224	256	384	512
消息长度	$<2^{64}$	$<2^{64}$	$<2^{64}$	$<2^{128}$	$<2^{128}$
分组长度	512	512	512	1024	1024
计算字长度	32	32	32	64	64
计算步骤数	80	64	64	80	80

该算法的思路是：接收一段明文，然后以一种不可逆的方式将其转换成一段密文，也可以简单地理解为取一串输入码，并把它们转化为长度较短、位数固定的输出序列（散列值）。

117

6.2.2　创建登录授权窗口部件

微课

创建登录授权
窗口部件

如图 6-6 所示，在窗口输入框中分别输入正确的用户名和密码，单击"授权"按钮后，会出现"二级节点登录授权成功"的弹窗消息。与后续其他窗口部件相比，登录授权窗口部件的 HTML 元素和 JavaScript 代码都会相对简单，其重难点是在 JavaScript 中定义加密获取令牌的函数。下面就分步骤完成这个窗口部件的创建。

图 6-6　ThingsBoard 平台二级节点登录授权窗口部件

1．HTML 和 CSS 资源

如图 6-7 所示，首先需要添加两个外部 JavaScript/CSS 资源，后续 HTML 和 JavaScript 代码都会调用这两个文件中定义的元素内容。

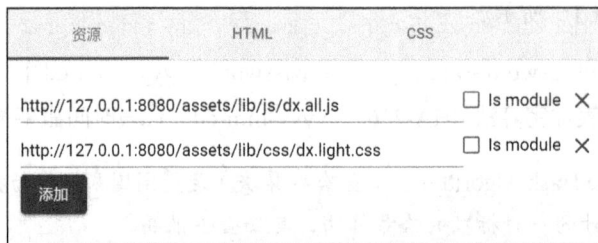

图 6-7　登录授权的外部 JavaScript/CSS 资源

可以将图 6-7 所示的登录授权窗口部件看成 3 行 1 列的表格，所以在 HTML 编辑页面使用表格布局，代码框架如图 6-8 所示。其中使用 div 元素将页面分割为多个独立区块，配合使用 class 属性重复定义相同样式的区域。

```
1   <!--div容器-->
2   <div class="demo-container">
3       <!--表格布局-->
4       <div class="form">
5           <div class="dx-fieldset">
6               <div class="dx-field">▭</div>
12              <div class="dx-field">▭</div>
18              <div class="dx-field">▭</div>
22          </div>
23      </div>
24  </div>
```

图 6-8　登录授权的 HTML 代码框架

在图 6-8 中，第 6～11 行实现"用户名"的页面布局，第 12～17 行实现"密码"的页面布局，第 18～21 行实现"授权"按钮的页面布局。由于"用户名"与"密码"的页面布局代码基本一致，这里重点讲解"密码"与"授权"的页面布局。

图 6-9 展示了图 6-8 中的第 12～21 行部分代码及 UI 组件预览效果，即后两行的列布局。这部分代码包含 class 属性为"dx-field"的两个 div 区块，其中第一个 div 区块中有两个子区块，它们的 class 属性分别为"dx-field-label"和"dx-field-value"（分别对应密码和密码框）。

"dx-field-label"的值为"密码"，如第 13 行代码所示；而"dx-field-value"的区块里有一个 id 为"password"的 div 区块，后面会在 JavaScript 中调用该 id 来定义样式（方框）和类型（"password"）。

从上面的描述中可以看出，属性 class 和 id 的区别为：前者可以重复使用，而后者具有唯一性。

第 18～21 行代码对应"授权"按钮，这个 div 区块除了设置 class 属性，还设置 style 属性为"text-align：center"（文字居中对齐）以及 id 为"authorize"。注意，按钮显示的"授权"需要在 JavaScript 中定义，这里为了展示预览效果已经在 JavaScript 中提前进行了定义。

CSS 部分代码比较简单，大部分直接使用外部资源中的定义，这里只对 HTML 代码中的两个元素"box"和"dx-field"进行样式描述，如图 6-10 所示。在 CSS 中，class 选择器以"."表示，而 id 选择器以"#"定义。这里描述的样式属性比较简单，有元素对齐格式"align-items"、与上部边框距离"padding-top"、高度"height"、宽度"width"、与左边/右边容器距离"margin-left/right"，读者可以自行增加属性或修改上述属性的值。

图 6-9　单列布局详细代码

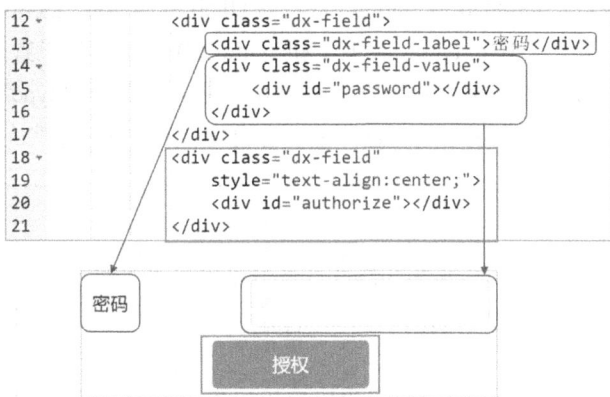

图 6-10　CSS 参考代码

2．JavaScript

JavaScript 代码开发是窗口部件开发的重点，它的主要内容如图 6-11 所示。窗口部件对象为 self，加载完毕第一个触发的是 self.onInit()方法，该方法用于窗口部件的初始化，它会调用 self 的 textLayout()和 btnLayout()方法，其中还会调用自定义函数 getToken()，它用于加密传输获取登录授权的令牌。

（1）重写窗口部件的初始化方法 self.onInit()

如图 6-12 所示，重写的 self.onInit()方法直接调用了 textLayout()和 btnLayout()方法，初始化窗口部件并设置按钮事件。

```
1    //窗口部件初始化
2  ▶ self.onInit = function() {（…）};
8
9    //窗口字段初始化，生成输入框
10 ▶ self.textLayout = function() {（…）}
19
20   //窗口按钮事件
21 ▶ self.btnLayout = function() {（…）}
37
38   //自定义函数：加密传输获取登录授权的令牌
39 ▶ function getToken(username, password) {（…）}
```

图 6-11　登录授权的 JavaScript 代码框架及功能注释

```
1    //窗口部件初始化
2  ▶ self.onInit = function() {
3        //字段初始化
4        self.textLayout();
5        //按钮事件
6        self.btnLayout();
7    };
```

图 6-12　登录授权的 self.onInit()方法

（2）重写 self.textLayout()方法

重写 self.textLayout()方法需要调用 jQuery 对象的相关方法，设置 UI 组件的相关属性。复习一下，jQuery 的基础语法规范是 "$(selector).action()"，其中 "selector" 表示选择器，用于查询、查找 HTML 元素；通过.action()可以调用不同的方法。

如图 6-13 所示，首先通过 "#username" 和 "#password" 分别选择 HTML 代码中 id 为 "username" 和 "password" 的元素，然后调用$.dxTextBox()方法设置 UI 组件 Box 的属性，这里涉及的属性有 "mode" 和 "value"。所有 UI 组件的属性、方法、事件都定义在资源文件（dx.all.js）中，它们都已在资源中导入，可以直接调用。

（3）重写 self.btnLayout()方法

与步骤（2）类似，通过$.dxButton()方法设置 id 为 "authorize" 的 UI 组件 Button，这里除了设置属性［stylingMode（样式模式）、text（文本）、type（类型）和 width（宽度）］，还设置了按钮的单击触发事件［通过函数 onClick()实现］，如图 6-14 所示。图 6-15 展示了属性 "type" 和 "stylingMode" 可以取的值和相应效果；图 6-16 则展示了 Button 的所有属性和方法及相应默认值。

```
9    //窗口字段初始化，生成输入框
10 ▼ self.textLayout = function() {
11 ▼     $('#username').dxTextBox({
12            value: "",
13        });
14 ▼     $('#password').dxTextBox({
15            mode: 'password',
16            value: '',
17        });
18   }
```

图 6-13　登录授权的 self.textLayout()方法

```
20   //窗口按钮事件
21 ▼ self.btnLayout = function() {
22 ▼     $('#authorize').dxButton({
23            stylingMode: 'contained',
24            text: '授权',
25            type: 'success',
26            width: 120,
27 ▶          onClick() {（…）},
35        })
36   }
```

图 6-14　销售订单的 self.btnLayout()方法

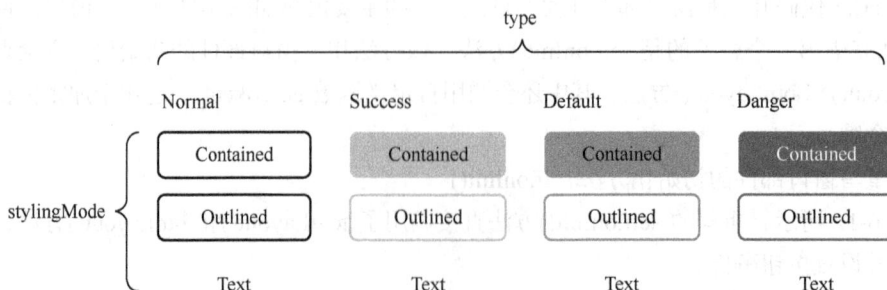

图 6-15　Button 的属性 "type" 和 "stylingMode" 可以取的值和相应效果

```
new Button(container, {
    accessKey: undefined,
    activeStateEnabled: true,
    component: null,
    disabled: false,
    elementAttr: {},
    focusStateEnabled: true,
    height: undefined,
    hint: undefined,
    hoverStateEnabled: true,
    icon: "",
    onClick: null,
    onContentReady: null,
    onDisposing: null,
    onInitialized: null,
    onOptionChanged: null,
    render: null,
    rtlEnabled: false,
    stylingMode: "contained",
    tabIndex: 0,
    template: "content",
    text: "Click",
    type: "normal",
    useSubmitBehavior: false,
    validationGroup: undefined,
    visible: true,
    width: undefined
});
```

图 6-16　Button 的所有属性和方法及相应默认值

下面来看一下这个按钮的单击响应事件，该事件通过 Button 的 "onClick" 属性来实现。onClick()是一个函数，这里的单击 "授权" 按钮事件想要实现的是先从输入框获取用户名和密码，并将其分别赋给两个变量，再将它们作为自定义函数 getToken()的参数去获取授权令牌。

如图 6-17 所示，第 29 行代码表示获取窗口输入框数据并将其赋给局部变量 input，这里用到了 self 变量 ctx 属性的 "$container" 属性，它是 jQuery 对象类型的属性，通过 find()方法可以查询到想要的结果。

第 30、31 行分别调用$.find()方法获取用户名和密码，input.find("#username .dx-texteditor-input")表示选取 input 对象中 id 为 "username" 的元素里的 class 为 "dx-texteditor-input" 的元素，注意不能省略两个元素之间的空格；然后将查找结果中索引为 0 的元素的 value 值赋给变量 "username"。最后将变量 "username" 和 "password" 作为参数，传参调用 getToken()函数。

```
27   onClick() {
28       //获取输入框内容
29       var input = self.ctx.$container;
30       var username = input.find("#username .dx-texteditor-input")[0].value;
31       var password = input.find("#password .dx-texteditor-input")[0].value;
32       //调用函数
33       getToken(username,password);
34   },
```

图 6-17　登录授权的 Button 的 onClick 属性的具体代码

最后来看 getToken()函数，根据式（1），加密过程使用了 SHA-256 算法，结合明文密码和当前日期可以得到密文密码。所以，第一步是构造获得字符串格式的当前日期（"yyyy-mm-dd"），可以参考图 6-18 所示的代码。其中 getMonth()返回范围为 0～11（分别表示 1 月至 12 月）中的一个整数，而 getDate()返回范围为 1～31 中的一个整数。所以返回值需要分别加上前缀字符串 "0"，然后用 slice(-2)去获取新字符串的最后两个字符。例如，getMonth() 返回 11，"012".slice(-2) 的结果是 12，即变量 month 为 12。

```
38    //自定义函数：加密传输获取登录授权的令牌
39    function getToken(username, password) {
40        //获取指定格式的日期
41        var date = new Date();
42        var year = date.getFullYear();
43        var month = ("0" + (date.getMonth() + 1)).slice(-2);
44        var day = ("0" + date.getDate()).slice(-2);
45        var today = year + "-" + month + "-" + day;
46        var newPassword = sha256(sha256(password) + today);
47        //调用POST接口
48        $.ajax(  );
71    }
```

图 6-18　明文加密获得密文密码的过程

令牌的获取是通过调用 jQuery 的 ajax()方法完成的。

> AJAX（Asynchronous JavaScript And XML，异步 JavaScript 和 XML 技术）是指一种创建交互式、快速动态网页应用的网页开发技术，它也是无须重新加载整个网页，就能够更新部分网页的技术。

简单来说，AJAX 是向网站的某个路由地址发送 HTTP 请求（可以是 GET 请求或 POST 请求）并获取响应内容，响应内容经过 JavaScript 处理后渲染到网页上，从而完成网页内容的局部更新。在一般情况下，AJAX 请求的响应内容的格式以 JSON 格式为主。

$.ajax()方法的语法格式为$.ajax([settings])，参数 settings 是配置 AJAX 请求的一系列键值对（也称为名值对），部分具体参数说明如表 6-2 所示。

表 6-2　ajax()方法部分具体参数说明

参数名	类型	描述
type	String	请求方法（POST 或 GET），默认为 GET
url	String	发送请求的地址，默认为当前页地址
timeout	Number	设置请求超时时间（单位为 ms）
async	Boolean	默认为 true，默认设置下，所有请求均为异步请求。如果需要发送同步请求，需将此参数设置为 false
cache	Boolean	默认为 true，设置为 false 将不会从浏览器缓存中加载请求信息
contentType	String	发送信息至服务器时的内容编码类型。默认值适合大多数应用场合
dataType	String	预期服务器返回的数据类型。如果不指定，jQuery 将自动根据 HTTP 包 MIME（Multipurpose Internet Mail Extensions，多用途互联网邮件扩展）信息返回 responseXML 或 responseText，并作为回调函数参数传递，可用值有 xml、html、script、json 和 jsonp
data	Object、String	发送到服务器的数据，将自动转换为请求字符串格式。GET 请求将附加在 URL 后

参数名	类型	描述

success	Function	请求成功后回调函数。这个方法有服务器返回数据和返回状态两个参数。示例如下：
		`function(data, textStatus) {`
		`　　// data 可能是 xmlDoc、jsonObj、html、text 等`
		`　　this;　//调用本次 AJAX 请求时传递的 options 参数`
		`}`

error	Function	默认为自动判断（xml 或 html），请求失败时将调用此方法。这个方法有 3 个参数：jqXHR 对象、错误信息、（可能）捕获的错误对象。示例如下：
		`function(jqXHR, textStatus, errorThrown) {`
		`　　this;　//调用本次 AJAX 请求时传递的 options 参数`
		`}`

如图 6-19 所示，$.ajax()方法的参数基本都能在表 6-2 中找到，如 contentType 表示这个请求发送的数据类型为"application/json"（一种文本类型，表示 JSON 格式的字符串），dataType 表示从服务器返回的数据类型为"json"。标识解析二级节点与 ThingsBoard 平台不同域名存在跨域请求问题，这里采用代理转发方式来解决。所以 5.1 节中提到在启动 ThingsBoard 之前，要先启动数据库和代理服务器，代理服务器的具体设置可以查看 proxyServer 目录下的 proxyServer.js 文件。

```
//调用POST接口
$.ajax({
    type: 'POST',
    //此url需经过代理转发，否则会产生浏览器跨域请求问题
    url: 'http://127.0.0.1:3000/api/identity/token/v1',
    contentType: 'application/json',
    dataType: "json",
    data: JSON.stringify({
        username: username,
        password: newPassword
    }),
    success: function(e) {
        if (e.status == 1) {
            //写入浏览器缓存
            localStorage.setItem("fzcitln_token", JSON.stringify
                ({token: e.data.token}));
            alert("二级节点登录授权成功！");
        } else {
            alert(e.message);
        }
    },
    error: function(e) {
        alert(e);
    }
});
```

图 6-19　自定义 getToken()函数中的 POST 请求

POST 请求的响应参数为 e，其中包括 status（状态码）、message（状态说明）和 data（返回数据），其中 status 有 5 种取值，而 data 类型为 Object，包括令牌键值对，参见 4.2.1 小节。

当成功获取 POST 请求时，若 success 回调函数判断 status 为 1，则将 token 写入浏览器缓存，以便后续调用。通过按 F12 键或使用开发者工具可以看到浏览器的本地存储情况，图 6-20 展示了

所有密钥和其对应值。在图 6-19 中，localStorage.setItem()方法是将"fzcitln_token"键对应的值设置为 JSON 格式的 token 值。最后调用 alert()以弹窗信息提醒用户"二级节点登录授权成功"。若 status 不为 1，则调用 alert() 以弹窗信息显示 message。

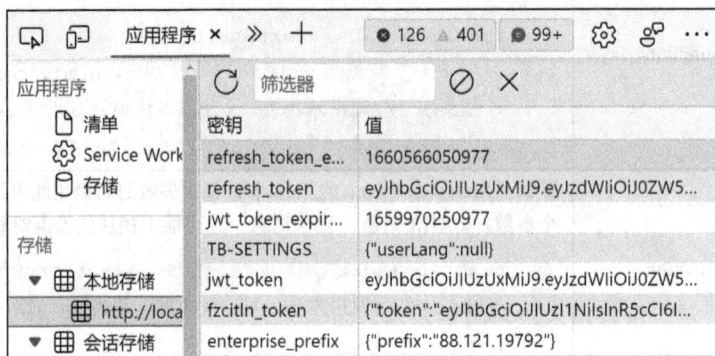

图 6-20　当前浏览器本地存储情况（所有密钥和其对应值）

请求失败，设置 error 回调函数显示响应结果。

> **知识点**　JSON 指的是 JavaScript 对象表示法（JavaScript Object Notation），是一种轻量级的数据交换格式。JSON 使用 JavaScript 语法来描述数据对象，但是它独立于编程语言和平台。

初学者容易把 JSON 与 JavaScript 对象混淆，JSON 格式的数据确实与 JavaScript 对象很相似，但根据 JSON 的定义可知，JSON 只是一种数据格式、一种规范。

如表 6-3 所示，JSON 格式的数据可以与 JavaScript 对象相互转换，下文创建标识注册窗口部件时，会在 onClick()函数和 saveOrder()函数中使用 JSON.parse()与 JSON.stringify()两种方法。

表 6-3　JSON 与 JavaScript 对象的对比

对比项	含义	传输	表现	相互转换
JSON	一种数据格式	可以跨平台传输数据、速度快	键值对形式，键必须加双引号；值不能是方法、函数，不能是 Undefined/NaN	JSON 数据转换为 JavaScript 对象：JSON.parse(jsonString)；JSObject=eval("("+jsonString+")")
JavaScript 对象	表示类的实例	不能跨平台传输数据	键值对形式，键不加双引号；值可以是函数、对象、字符串、数字、布尔值等	JavaScript 对象（JSObject）转换为 JSON 数据：JSON.stringify(JSObject)

> **练习**　参照上述步骤补充未提到的代码，完成二级节点登录授权窗口部件。

6.3　标识的"增删查改"

6.2 节的最终目的是获取二级节点登录授权令牌后将其写入浏览器缓存，用于标识的"增删查改"（新增/注册、删除、查询和修改/更新）。6.3.1 小节重点介绍标识注册窗口部件的创建，读者可根据掌握程度选择自行实现标识的其他功能，或者参考 6.3.2 小节进行学习。

6.3.1　创建标识注册窗口部件

微课

创建标识注册
窗口部件

如图 6-21 所示，本案例中茶叶溯源标识的注册信息包括茶叶编码、茶叶名称、包装规格、生产地区、茶叶分类、生产线、原料编码、生产日期、质检情况和企业前缀共 10 项内容，所有注册信息都有默认填充内容。这个窗口部件的功能模拟了茶叶包装环节的标识注册和标签打印，一旦操作员输入产品所有信息并单击"注册"按钮，系统就会自动生成一个唯一的产品标识编码及对应的二维码标签，单击"打印"按钮，就可以打印二维码标签（类似 3.3.2 小节的操作）。

由于目前茶叶行业没有标识编码规范，本案例中的产品标识编码采用类似线缆的编码规范（具体结构参见图 2-4）："企业前缀/茶叶分类.企业自定义代码（茶叶编码）.厂区产线.日期.产品随机码"。图 6-22 展示了单击"注册"按钮后生成的标识编码和相应的二维码。

图 6-21　茶叶溯源项目的标识注册窗口部件

图 6-22　完成茶叶产品标识注册后的窗口部件

下面通过 ThingsBoard 平台实操来创建这个标识注册窗口部件。

1.　HTML 和 CSS 资源

相比 6.2 节介绍的登录授权功能，标识注册功能需要生成二维码，表现在外部资源是多了一个二维码相关的 JavaScript 文件，如图 6-23 所示。

HTML 部分还是采用表格布局，但比登录授权窗口的复杂一些，可以将图 6-21 所示界面看成 6 行 2 列加上最后显示结果的一行的表格布局，HTML 代码框架如图 6-24 所示，前 6 行分别对应从第 6、26、46、66、86、106 行折叠的代码。

图 6-25 所示的是第一个 dx-field 区块（第 6～25 行代码）的详细代码及预览效果。该区块中有一个 boxOptions 区块，其中包括两个结构一致的区块（第 8～15 行和第 16～23 行）。这两个 div

区块定义了 class 属性"box"，还定义了"data-options"属性。这里可以把 box 理解为方框所包含的容器空间，每个 box 里又有一个 dx-field 区块，相当于在容器里填充内容。这里的 dx-field 区块内含两个子区块，这两个子区块的 class 属性分别为"dx-field-label"和"dx-field-value"，对应第一个方框里的两列。

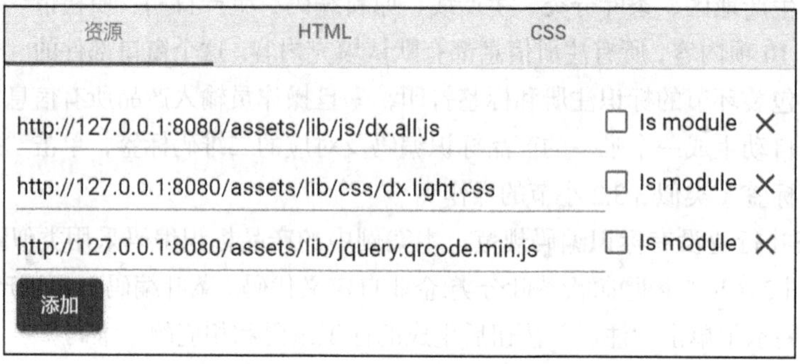

图 6-23　标识注册的外部 JavaScript/CSS 资源

图 6-24　标识注册的 HTML 代码框架

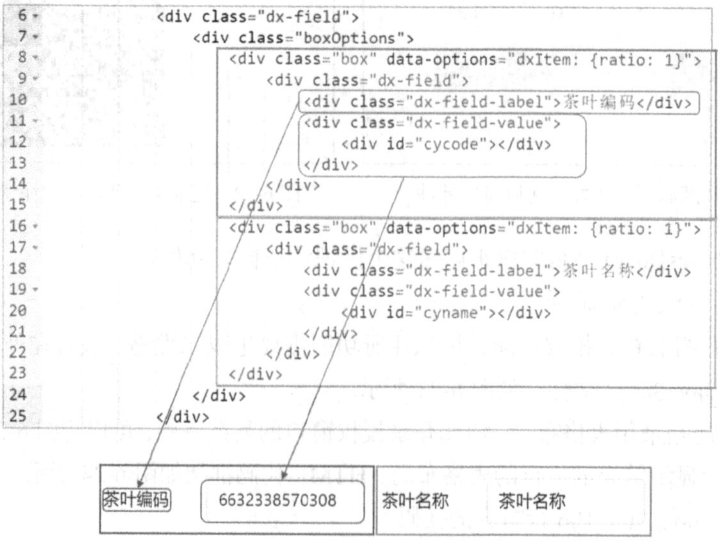

图 6-25　第一个 dx-field 区块的详细代码及预览效果

以第一个方框为例，第一列"dx-field-label"的值为"茶叶编码"，如第 10 行代码所示；第二列"dx-field-value"的值是一个 id 为 cycode 的变量，它的样式（方框）和值（"6632338570308"）都会在 JavaScript 中定义。

对比第 8～15 行和第 16～23 行两部分代码，可以看出"data-options"属性中确定了两个 box 容器的占比（ratio）为 1 : 1，即 UI 组件宽度一致。

后面 4 行（这里的"行"是指表格布局里的行）内容的代码（分别从第 26、46、66、86 行开始折叠）与第一行的类似，请参考 JavaScript 部分 cydata 字段后自行补充。

现在来看最后两行内容，如图 6-26 所示，两个按钮的布局类似前面 5 行内容的，即在 boxOptions 区域里放两个占比为 1 : 1 的 box 区块。结果显示区域（第 116～121 行）分为两个 div 区块：第一个 div 区块的 id 为"cyid"，会在可见的方框里显示注册后的标识编码；第二个 div 区块的 id 为"qrcode"，会在方框后不可见的区域里显示标识对应的二维码，这个区块还设置 style 属性为"text-align：center"以及 height 属性为"180px"。

```
106 ▾    <div class="dx-field">
107 ▾        <div class="boxOptions">
108 ▾            <div class="box" data-options="dxItem: {ratio: 1}">
109                 <div id="register"></div>
110             </div>
111 ▾            <div class="box" data-options="dxItem: {ratio: 1}">
112                 <div id="print"></div>
113             </div>
114         </div>
115     </div>
116 ▾    <div id="printArea" class="dx-field">
117         <div id="cyid"></div>
118 ▾        <div id="qrcode"
119             style="text-align:center;height:180px">
120         </div>
121     </div>
```

注册	打印

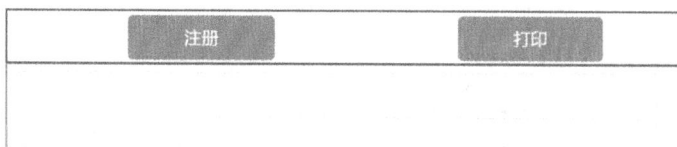

图 6-26　标识注册窗口按钮及结果显示组件的详细代码及预览效果

CSS 部分代码与登录授权窗口部件的相同，参见图 6-10。

2．JavaScript

完成 HTML 和 CSS 资源代码编写后，下面就通过 JavaScript 代码来设置窗口部件的动态效果。图 6-27 展示了标识注册的 JavaScript 代码框架及功能注释，与登录授权部分一样，在完成数据初始化后，通过 self.onInit()完成窗口部件初始化，继续调用 self 的 textLayout()和 btnLayout()方法，其中 self.btnLayout()方法还会调用两个自定义函数，这个函数分别用于完成标识编码的拼接和标识的注册。这里多了两个工具函数，它们分别用于生成随机数和字符转码。

（1）定义数据字段并初始化

可以参考图 6-21 定义数据字段，也可以根据实际需求增减字段。如图 6-28 所示，除了产品随机码 cyno 和标识编码 cyid，其余 10 个字段分别对应 HTML 代码中相应的 id，所有字段的类型都是字符串类型，字段初始值仅供参考。这里企业前缀 prefix 的初始值"88.121.19792"已经在前文案例中多次使用，如果需要注册其他企业前缀，可修改该值。

```
 1    //定义数据字段并初始化
 2 ▾  var cydata = {⟨⟩};
16
17    //窗口部件初始化
18 ▸  self.onInit = function() {⟨⟩};
28
29    //窗口字段初始化，生成输入框
30 ▸  self.textLayout = function() {⟨⟩}
144
145   //窗口按钮事件
146 ▸ self.btnLayout = function() {⟨⟩}
197
198   //自定义函数：拼接标识编码
199 ▸ function getID() {⟨⟩}
225
226   //自定义函数：注册标识
227 ▸ function registerCode(token, code) {⟨⟩}
339
340   //自定义工具函数：生成随机数
341 ▸ function randomNumber(len) {⟨⟩}
350
351   //自定义工具函数：字符转码
352 ▸ function utf16to8(str) {⟨⟩}
```

图 6-27　标识注册的 JavaScript 代码框架及功能注释

```
 1    //定义数据字段并初始化
 2 ▾  var cydata = {
 3        cycode: "6632338570308",      //茶叶编码
 4        cyname: "茶叶名称",            //茶叶名称
 5        cyspec: "100g",               //包装规格
 6        cyarea: "生产地区",           //生产地区
 7        cytype: "0401/铁观音(青茶)",  //茶叶分类
 8        cyline: "0201/产线01(B区)",   //生产线
 9        ylcode: "YL001",              //原料编码
10        cydate: "",                   //生产日期
11        cycheck: "特级",              //质检情况
12        prefix: "88.121.19792",       //企业前缀
13        cyno: "",                     //产品随机码
14        cyid: "",                     //标识编码
15    };
```

图 6-28　注册标识窗口部件的数据字段及初始值

（2）重写窗口部件的初始化方法 self.onInit()

如图 6-29 所示，重写的 self.onInit()方法直接调用了 textLayout()和 btnLayout()方法，初始化窗口部件并设置按钮事件。第 19～22 行代码的作用将在后面进行说明。

```
17  //窗口部件初始化
18  self.onInit = function() {
19      var pre = JSON.parse(localStorage.getItem("enterprise_prefix"));
20 ▾   if(!!pre && !!pre.prefix){
21          cydata.prefix = pre.prefix;
22      }
23      //字段初始化
24      self.textLayout();
25      //按钮事件
26      self.btnLayout();
27  };
```

图 6-29　标识注册的 self.onInit()方法

（3）重写 self.textLayout()方法

如图 6-30 所示，调用 jQuery 对象的相关方法，设置输入框的初始值和输入要求等。其中包含 HTML 资源中的 1 个 id 和 11 个 class 元素，调用如 dxBox()、dxTextBox()、dxSelectBox()、dxDateBox() 等不同方法设置 UI 组件 Box、TextBox、SelectBox、DateBox 等的相关属性，然后调用 dxValidator() 方法设置验证要求。

图 6-31 展示了 3 个 UI 组件 TextBox、DateBox、SelectBox 的属性设置。例如，value 属性定义 UI 组件的默认值；type 属性定义组件类型；对于 SelectBox 组件，items 属性定义了所有可取值（图 6-21 展示的下拉列表框选择方式是在 CSS 外部资源文件中定义的）。然后调用 dxValidator() 方法设置输入框的验证要求：type 取值"required"表示必填项，这里就需要考虑哪些数据项是必填项，而哪些不是；message 的值表示输入条件不满足时显示的消息。可以参照这 3 个 UI 组件的设置去设置剩下的组件，这里不再重复介绍。

```
29     //窗口字段初始化，生成输入框
30 ▾  self.textLayout = function() {
31 ▸      $('.boxOptions').dxBox(▭);
35 ▸      $('#cycode').dxTextBox(▭
37 ▸      }).dxValidator(▭);
43 ▸      $('#cyname').dxTextBox(▭
45 ▸      }).dxValidator(▭);
51 ▸      $('#cyspec').dxSelectBox(▭
54 ▸      }).dxValidator(▭);
60 ▸      $('#cyarea').dxTextBox(▭
62 ▸      }).dxValidator(▭);
68 ▸      $('#cytype').dxSelectBox(▭
85 ▸      }).dxValidator(▭);
91 ▸      $('#cyline').dxSelectBox(▭
99 ▸      }).dxValidator(▭);
105 ▸     $('#ylcode').dxTextBox(▭
107 ▸     }).dxValidator(▭);
113 ▸     $('#cydate').dxDateBox(▭
116 ▸     }).dxValidator(▭);
122 ▸     $('#cycheck').dxSelectBox(▭
125 ▸     }).dxValidator(▭);
131 ▸     $('#prefix').dxTextBox(▭
133 ▸     }).dxValidator(▭);
139 ▸     $('#cyid').dxTextBox(▭);
143     }
```

图 6-30　标识注册的 self.textLayout()方法

```
105 ▾     $('#ylcode').dxTextBox({
106           value: cydata.ylcode,
107 ▾     }).dxValidator({
108 ▾        validationRules: [{
109              type: 'required',
110              message: '原料编码必须有值！',
111           }]
112       });
113 ▾     $('#cydate').dxDateBox({
114           type: 'date',
115           value: new Date(),
116 ▾     }).dxValidator({
117 ▾        validationRules: [{
118              type: 'required',
119              message: '生产日期必须有值！',
120           }]
121       });
122 ▾     $('#cycheck').dxSelectBox({
123           items: ['特级', '优', '良'],
124           value: cydata.cycheck
125 ▾     }).dxValidator({
126 ▾        validationRules: [{
127              type: 'required',
128              message: '质检情况必须有值！',
129           }]
130       });
```

图 6-31　jQuery 对象的部分方法举例

（4）重写 self.btnLayout()方法

本步骤与 6.2.2 小节 JavaScript 部分的步骤（3）类似，如图 6-32 所示，通过 dxButton()方法分别设置 id 为 register 和 print 的 UI 组件 Button，这里最重要的还是设置按钮的单击触发事件。通过两个按钮的属性对比可以看到，register（注册）按钮比 print（打印）按钮多了一个属性 useSubmitBehavior，该属性为 true 时，使用浏览器的提交机制。

先来看一下 register 按钮的单击响应事件。首先需要明确，单击"注册"按钮想要实现的是获取输入框输入的信息并生成标识编码，根据是否已获得登录授权判断能否进行标识注册，注册成功后显示标识编码和二维码。这些动作分别被封装到自定义函数 getID()和 registerCode()中，onClick()只需要调用相关函数即可。

如图 6-33 所示，由于存在历史记录，先要清空标识和二维码显示区域的内容，分别使用了两种不同方式。显示框的 UI 组件是 TextBox，可以直接调用 dxTextBox 将值置 0。二维码区域没有

可见的 UI 组件，是通过 document.getElementById 找到对象的。这个 document 对象是浏览器载入的 HTML 文档的根节点，通过它的 getElementById()方法可以获取之前在 HTML 中定义的元素，设置其 innerHTML 属性为空。

```
145    //窗口按钮事件
146    self.btnLayout = function() {
147  ▾     $('#register').dxButton({
148            stylingMode: 'contained',
149            text: '注册',
150            type: 'success',
151            useSubmitBehavior: true,
152            width: 120,
153  ▸         onClick() {▨},
175        });
176  ▾     $('#print').dxButton({
177            stylingMode: 'contained',
178            text: '打印',
179            type: 'success',
180            width: 120,
181  ▸         onClick() {▨},
195        });
196    }
```

图 6-32　标识注册的 self.btnLayout()方法

```
onClick() {
    //清空标识编码显示框
    $('#cyid').dxTextBox({
        value: "",
        disabled: true,
    });
    //清空二维码区域
    document.getElementById('qrcode').innerHTML = "";
    //判断是否生成标识编码
    if (!!getID()) {
        //获取二级节点登录token
        var tk = JSON.parse(localStorage.getItem("fzcitln_token"));
        if (!!tk && !!tk.token) {
            //调用registerCode()函数
            registerCode(tk.token,cydata.cyid);
        } else {
            alert("请先授权登录二级节点！");
        }
    } else {
        alert("请完善数据！");
    }
},
```

图 6-33　标识注册的注册按钮 onClick()的具体代码

清空标识和二维码显示区域的内容后，就要生成新的结果了。先通过外层 if-else 结构判断标识注册所需信息是否完整，即基于输入框信息能否生成订单标识编码，表现为自定义函数 getID()是否有返回值，这里的编程小技巧是通过二次取反 "!!" 将数据对象的类型转换为 Boolean 类型，进而作为 if 判断条件。若条件为真，则进入授权判断。先新建变量 tk 从缓存中获取二级节点登录授权令牌，再在内层 if-else 结构中判断该令牌是否为空；若未完成登录授权，则提醒用户通过登录授权窗口完成登录授权。

从浏览器缓存 localStorage 获取授权令牌时，需要知道保存令牌的键值对中的 "键"（这里是 fzcitln_token ），然后通过 getItem()方法调用 fzcitln_token 的值，并且该值会直接作为 JSON.parse()

方法的参数被调用，该方法将数据转换为 JavaScript 对象，其返回值赋给变量 tk。

　　若已登录授权，则调用 registerCode() 注册标识函数。注意，此时该函数的两个参数分别是有具体值的 token 和 cydata.cyid。token 是这里刚刚赋值的，那么 cydata.cyid 值呢？其实它是在调用 getID() 函数时完成赋值的。而在 registerCode() 函数中除了会向二级节点发送注册数据，还会将结果显示出来，具体参见后面的 getID() 和 registerCode() 函数。

　　有了结果，再单击"打印"按钮，就可以打印二维码和相关信息了。图 6-34 展示了"白茶"的产品二维码打印结果。打印设置要在 print 按钮的 onClick() 中实现，如图 6-35 所示。首先获取 cyname（茶叶名称）输入框的内容，该方法已在登录授权窗口部件中介绍过，不再介绍；然后调用 printJS 对象，并设置 header、targetStyles、style 等属性。注意，打印前还需要设置打印机参数，可以参考 3.3.2 小节。

图 6-34　"白茶"的产品二维码打印结果

```
onClick() {
    //获取输入框信息
    var name = self.ctx.$container.find("#cyname .dx-texteditor
    -input")[0].value;
    //
    printJS({
        printable: 'qrcode',
        type: 'html',
        header: '<div style="font-size:25px;margin-top:2px;">'
            + name + '</div>',
        targetStyles: ['*'],
        style: ['@page { size:40mm 40mm;margin: 6mm;} body
            {margin: 6mm;} h4 {margin:6mm}'],
        scanStyles: false,
        css: '/assets/print/print.min.css'
    });
},
```

图 6-35　标识注册的打印按钮 onClick() 的具体代码

　　下面依次介绍自定义的 getID()、registerCode() 函数以及两个工具函数 randomNumber() 和 utf16to8()。

　　（5）创建 getID() 拼接标识编码函数

　　由上文对标识编码的定义可知，要拼接得到标识编码必须有企业前缀（prefix）、茶叶分类（cytype）、茶叶编码（cycode）、生产线（cyline）、生产日期（cydate）和产品随机码（cyno）6 项数据。本函数的功能就是从窗口输入框中获取数据并赋值给全局变量 cydata，然后根据上面提到的 6 项数据拼接得到标识编码。

　　如图 6-36 所示，第 200 行代码表示获取窗口输入框数据并将其赋给局部变量 input，然后调用 find() 方法直接获取除生产日期（cydate）外的 9 项数据（第 201～209 行代码）。对于 cydate 而言，从输入框获取到的数据格式是 "mm/dd/yyyy"，而拼接标识编码时需要 "yyyymmdd" 格式，所以要重新组合。这里调用 split() 方法对其进行拆分，分隔符号是 "/"，拆分后的数据是数据，即 mm、dd、yyyy 的具体值，它们被存入数组 ls，然后拼接并赋给 cydata.cydate。

　　最后还需要使用产品随机码（cyno）来完成标识编码的拼接，这里调用自定义函数 randomNumber() 生成一个随机 5 位数。下面来看一下标识编码是如何拼接的。首先应验证数据项是否完整。

```
198    //自定义函数：拼接标识编码
199 ▾  function getID() {
200        var input = self.ctx.$container;
201        cydata.cycode = input.find("#cycode .dx-texteditor-input")[0].value;
202        cydata.cyname = input.find("#cyname .dx-texteditor-input")[0].value;
203        cydata.cyspec = input.find("#cyspec .dx-texteditor-input")[0].value;
204        cydata.cyarea = input.find("#cyarea .dx-texteditor-input")[0].value;
205        cydata.cytype = input.find("#cytype .dx-texteditor-input")[0].value;
206        cydata.cyline = input.find("#cyline .dx-texteditor-input")[0].value;
207        cydata.ylcode = input.find("#ylcode .dx-texteditor-input")[0].value;
208        cydata.cycheck = input.find("#cycheck .dx-texteditor-input")[0].value;
209        cydata.prefix = input.find("#prefix .dx-texteditor-input")[0].value;
210        var cydate = input.find("#cydate .dx-texteditor-input")[0].value;
211        var ls = cydate.split('/');
212        cydata.cydate = ls[2] + ("0"+ls[0]).slice(-2) + ("0"+ls[1]).slice(-2);
213        //调用randomNumber函数生成随机5位数
214        cydata.cyno = randomNumber(5);
215        //先验证数据项是否完整，再拼接
216 ▸      {░░░}
225        return cydata.cyid;
226    }
```

图 6-36 自定义 getID() 函数

> 你觉得在拼接得到标识编码前，要验证哪些数据项呢？本案例的全部 10 项数据中，你认为哪些是必填项呢？

在前面介绍 self.textLayout() 方法时，已经遇到这个问题，那里使用 dxValidator() 方法对 UI 组件设置输入验证。这里将复合逻辑表达式作为 if 选择条件来验证数据项是否完整。如图 6-37 所示，if 的条件表达式中包含对 5 项数据的非空判断（企业前缀、茶叶分类、茶叶编码、生产线、生产日期，产品随机码是自动生成的）；相应地，在 self.textLayout() 方法中至少要对这 5 项数据进行输入验证。

```
if (!!cydata.prefix && !!cydata.cytype && !!cydata.cycode &&
    !!cydata.cyline && !!cydata.cydate) {
    cydata.cyid = cydata.prefix + '/' + cydata.cytype.split('/'
        )[0] +'.' + cydata.cycode +'.' + cydata.cyline.split('/'
        )[0] + '.' + cydata.cydate + '.' + cydata.cyno;
} else {
    cydata.cyid = "";
}
```

图 6-37 用 if-else 结构验证输入数据项是否完整并拼接标识编码函数

上述标准并不是唯一的，具体取决于标识编码规范，记录保存的数据项越多、信息越完整，就越有利于后续追溯，但这也意味着需要越多的存储资源。

在拼接标识编码时，还是要参考规范的格式，如前缀与后缀之间有 "/"，茶叶分类等数据只取 "/" 前面的数字而不取后面的文字。如果必填数据项不完整，标识编码 cyid 为空，即 getID() 函数返回值为空，由图 6-33 可知，会弹窗提醒用户完善数据。

（6）创建 registerCode() 注册标识函数

有了登录授权中 getToken() 函数的基础，注册标识就不难理解了，还是调用 POST 方法向二级节点相关接口发送数据，只是 $.ajax() 方法的部分参数值不同，如图 6-38 所示。

与图 6-19 中的 $.ajax() 方法中的参数相比，图 6-38 中多了一个 headers，即请求头。由 4.2.1 小节可知，请求头需要包含 Authorization 和 Content-Type 键值对，这里 ajax() 参数已经有了 contentType，所以 headers 只要有 Authorization 即可，格式需要参照 4.2.1 小节介绍的要求。

```
226    //自定义函数：注册标识
227  ▾ function registerCode(token, code) {
228        //调用POST接口
229  ▾    $.ajax({
230            type: "POST",
231            url: "http://127.0.0.1:3000/api/identityv2/data",
232            contentType: "application/json",
233            dataType: "json",
234  ▾        headers: {
235                Authorization: "Bearer " + token,
236            },
237  ▸        data: JSON.stringify(▭),
314  ▸        success: function(e) {▭},
334  ▸        error: function(e) {▭}
337        });
338    }
```

图 6-38　自定义 registerCode()函数

在这个 POST 请求的所有参数中，data 的体量很大，如图 6-39 所示，参数 data 包括 handle、templateVersion 和 value 3 个属性。其中，handle 就是标识编码，templateVersion 是指在二级节点中创建的数据模板的"产品型号"字段的具体值（见图 6-41），而 value 是个数组，其每个元素又包括 auth、index、type 和 data 4 个属性。

```
data: JSON.stringify({
    handle: code,
    templateVersion: "茶叶溯源",
    value: [{
        auth: "",
        index: 2000,
        type: "cycode",
        data: {▭},
    }, {
        auth: "",
        index: 2001,
        type: "cyname",
        data: {▭},
    }, {
        auth: "",
        index: 2002,
        type: "cyspec",
        data: {▭},
    }, {
        auth: "",
        index: 2003,
        type: "cyarea",
        data: {▭},
    }, {
        auth: "",
        index: 2004,
        type: "cytype",
        data: {▭},
    }, {
        auth: "",
        index: 2005,
        type: "cyline",
        data: {▭},
    }, {
        auth: "",
        index: 2006,
        type: "ylcode",
        data: {▭},
    }, {
        auth: "",
        index: 2007,
        type: "cydate",
        data: {▭},
    }, {
        auth: "",
        index: 2008,
        type: "cycheck",
        data: {▭},
    }]
}),
```

图 6-39　registerCode()函数中使用$.ajax()方法发送的 data 参数

图 6-40 展示了 value 数组中两个元素的完整内容。其中，属性 data 也是数组，它包含 format 和 value 两个属性。format 目前只能为字符串，而 value 具体取值与属性 type 的取值相对应，从 cydata 数据项中取值。对比二级节点业务管理系统的数据模板（见图 6-41）可知，value.index 和 value.type 分别对应模板中的 index 和英文名称。比较特别的是，对于茶叶分类（cytype）和生产线（cyline）两个数据项，数据内含有"/"，这里只取"/"后的文字内容。

```
auth: "",
index: 2000,
type: "cycode",
data: {
    format: "string",
    value: cydata.cycode
},
```

（a）不含"/"的数据

```
auth: "",
index: 2004,
type: "cytype",
data: {
    format: "string",
    value: cydata.cytype.split('/')[1]
},
```

（b）含"/"的数据

图 6-40　标识注册请求参数中的 value 数组元素举例

所属前缀:	88.121.19792			
产品型号:	茶叶溯源			
服务行业:	农、林、牧、渔业-农业-坚果、含油果、香料和饮料作物种植-茶叶种植			
元数据对象类型:	其他			
简介:	-			

index	中文名称	英文名称	数据类型	操作
2000	茶叶编码	cycode	字符串	查看
2001	茶叶名称	cyname	字符串	查看
2002	包装规格	cyspec	字符串	查看
2003	生产地区	cyarea	字符串	查看
2004	茶叶分类	cytype	字符串	查看
2005	生产线	cyline	字符串	查看
2006	原料编码	ylcode	字符串	查看
2007	生产日期	cydate	字符串	查看
2008	质检情况	cycheck	字符串	查看

图 6-41　二级节点业务管理系统的"茶叶溯源"数据模板详情

介绍完 $.ajax() 方法的 data 参数，最后来介绍 success 和 error 参数，也就是应对请求响应的回调函数。其思路是根据响应参数做不同处理，若成功，则弹窗提醒用户标识注册成功；若失败，则显示错误消息。由 4.2.1 小节可知，响应参数包括 status、message 和 data（是否操作成功）等，其中 status 有 5 种取值，而 data 是 Boolean 类型的参数。

所以，success 和 error 回调函数可以按照图 6-42 所示进行设置。当同时满足返回值的 data 为 true 且 status 为 1 时，表示标识注册成功，此时将结果显示在相应 UI 组件中，并将此时的企业前缀写入浏览器缓存，这一步可以避免后续使用其他企业前缀（与默认 88.121.19792 不同）时需要重复输入的问题，需结合 self.onInit() 方法实现（见图 6-29 所示的第 19～22 行代码）。

```javascript
success: function(e) {
    if (e.data && e.status == 1) {
        //标识编码框显示结果
        $('#cyid').dxTextBox({
            value: code,
            disabled: true,
        });
        //生成二维码
        $('#qrcode').qrcode({
            render: "canvas",
            text: utf16to8("茶叶溯源标识：")+code,
            width: 200,
            height: 200,
        });
        localStorage.setItem("enterprise_prefix",JSON
            .stringify({prefix: cydata.prefix}));
        alert("标识注册成功！");
    } else {
        alert(e.message);
    }
},
error: function(e) {
    alert(e);
}
```

图 6-42　registerCode 函数 $.ajax() 方法的 success 和 error 参数

针对显示标识编码的代码前面已经介绍过相似情况，这里介绍生成并显示二维码的代码。需要调用 jQuery 库中的 qrcode() 方法，具体参数设置可参考表 6-4。如图 6-42 所示，在设置二维码内容即 text 参数时调用了自定义函数 utf16to8()，该函数用于中文转码，具体介绍参见后文；而标识编码可以不转码直接作为 text 参数内容。图 6-43 展示了使用和不使用转码函数得到的二维码，可以扫描它们查看结果有什么不同。从中可知转换为 UTF-8 字符编码的二维码是为了解码器能正常解码。

text: utf16to8("茶叶溯源标识：)"+code,	text: "茶叶溯源标识："+code,
	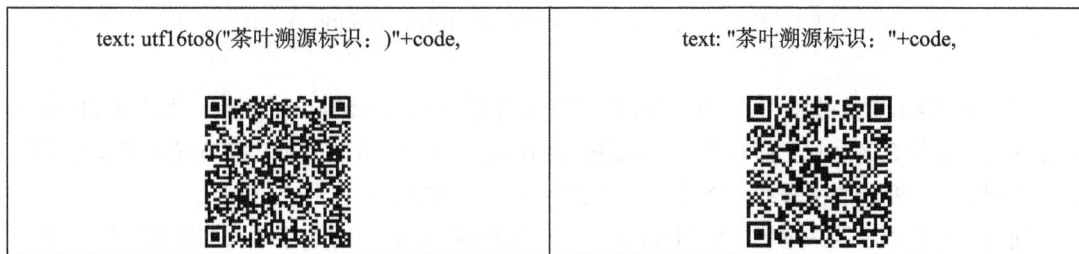

图 6-43　使用与不使用转码函数得到的二维码的对比

表6-4列出了 jQuery 库中设置二维码的 qrcode() 方法的参数及其说明。

表6-4 qrcode() 方法的参数及其说明

参数名	参数说明	参数值示例
text	二维码内容	"https://fzcitln.cn/snms/ui/index"
render	渲染方式	默认值为 "canvas"，还可选 "table"
width	宽度	默认值为 256
height	高度	默认值为 256
typeNumber	计算模式	−1
correctLevel	纠错等级	QRCode.CorrectLevel.L；、QRCode.CorrectLevel.M；、QRCode.CorrectLevel.Q；、QRCode.CorrectLevel.H；
background	背景颜色	默认值为 "#ffffff"，即白色
foreground	前景颜色	默认值为 "#000000"，即黑色

（7）创建工具函数 randomNumber()和 utf16to8()

下面依次介绍两个自定义工具函数。

图 6-44 展示了能产生任意位数十进制数字（结果转换为字符串）的 randomNumber()函数，其中调用了 JavaScript Math 对象的两个方法 floor() 和 random()。

random()方法返回 0（包含）～1（不包含）的一个随机数。而 floor(x) 方法返回小于等于 x 的最大整数。所以，通过 len 次循环，拼接得到一个 len 位数的字符串 str。

```
340    //自定义工具函数：生成随机数
341    function randomNumber(len) {
342        var chars = '0123456789';
343        var maxPos = chars.length;
344        var str = '';
345        for (var i = 0; i < len; i++) {
346            str += chars.charAt(Math.floor(Math.random() * maxPos));
347        }
348        return str;
349    }
```

图 6-44 自定义 randomNumber()函数

Math.random() * 10 的结果是什么呢？Math.floor(Math.random() * 10) 又表示什么呢？

图 6-45 展示了能够将 UTF-16 转换为 UTF-8 字符编码的 utf16to8()函数。那么 UTF-16 与 UTF-8 究竟有什么区别呢？简言之，二者的长度不一样。UTF-16 能表示 2 字节或 4 字节的字符；UTF-8 则是一种变长的字符编码格式，能表示 1～4 字节的字符。

通过一个直观示例来理解。如图 6-46 所示，用 UTF-16 表示的 2 字节长的中文字符"中"，通过一定规则转换为 UTF-8 编码的字符后，变为 3 字节长。而这个规则就包含在图 6-45 所示的第 358～367 行的 if-else 多重选择结构的代码里。这部分不是本书重点内容，只简单介绍，感兴趣的读者可以自行学习。

```
351    //自定义工具函数：字符转码
352    function utf16to8(str) {
353        var out, i, len, c;
354        out = "";
355        len = str.length;
356        for (i = 0; i < len; i++) {
357            c = str.charCodeAt(i);
358            if ((c >= 0x0001) && (c <= 0x007F)) {
359                out += str.charAt(i);
360            } else if (c > 0x07FF) {
361                out += String.fromCharCode(0xE0 | ((c >> 12) & 0x0F));
362                out += String.fromCharCode(0x80 | ((c >> 6) & 0x3F));
363                out += String.fromCharCode(0x80 | ((c >> 0) & 0x3F));
364            } else {
365                out += String.fromCharCode(0xC0 | ((c >> 6) & 0x1F));
366                out += String.fromCharCode(0x80 | ((c >> 0) & 0x3F));
367            }
368        }
369        return out;
370    }
```

图 6-45　自定义 utf16to8()函数

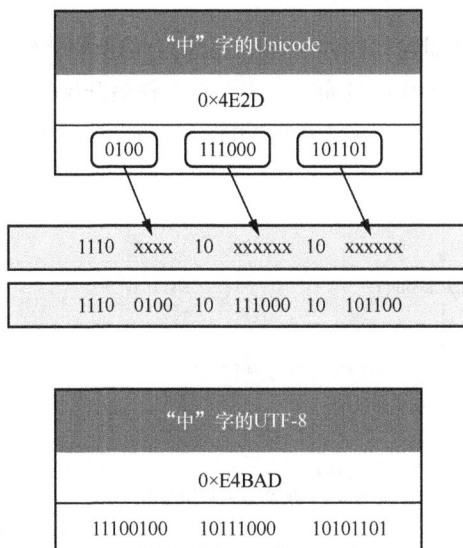

图 6-46　UTF-16 字符转换为 UTF-8 字符的过程

abc

拓展

String 对象用于处理文本（字符串）。

（1）语法如下。

```
var txt = new String("string");
//或者更简单的方式
var txt = "string";
```

（2）String 对象属性。表 6-5 所示为 JavaScript String 的对象属性。

表 6-5　JavaScript String 的对象属性

属性	描述
constructor	对创建该对象的函数的引用
length	字符串的长度
prototype	向对象添加属性和方法

（3）String 对象方法。表 6-6 只列出图 6-45 中调用 JavaScript String 对象的 3 种方法。

表 6-6　JavaScript String 对象的 3 种方法

方法	描述	使用语法
charAt()	返回指定位置的字符	String.charAt(index)
charCodeAt()	返回指定位置的字符的 Unicode	String.charCodeAt(index)
fromCharCode()	将 Unicode 转换为字符	String.fromCharCode(n1, n2, ..., nX)

注意：字符串第一个字符位置为 0，第二个字符位置为 1，以此类推。

fromCharCode()方法是 String 对象的静态方法，字符串中的每个字符都由单独的 Unicode 数字编码指定。

至此，已经介绍完标识注册窗口部件 JavaScript 部分的所有代码。图 6-47 展示了上述所有函数的执行顺序与调用逻辑。对于程序员而言，需要在工作最开始就基于业务需求完成功能分析与设计。尤其是对一个大项目而言，只有先做好功能分析与设计，才能分工完成后续任务。

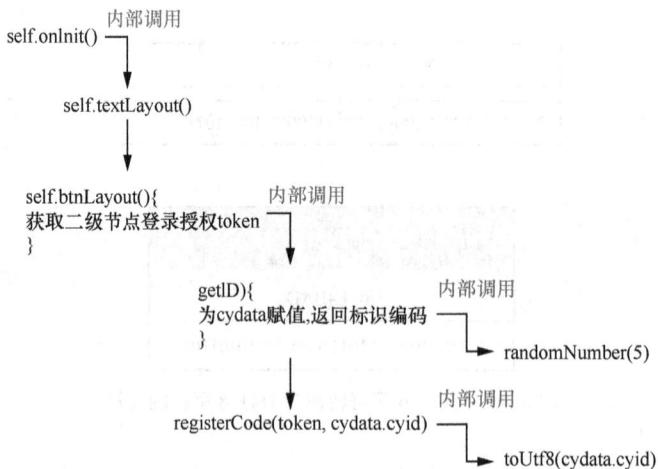

图 6-47　JavaScript 代码所有函数的执行顺序与调用逻辑

| abc 实操 | 参照 6.3.1 小节介绍的创建标识注册窗口部件内容，修改打印二维码相关代码，实现同时打印茶叶名称、生产地区和二维码标签。 |

6.3.2　创建标识"删查改"窗口部件

创建完标识注册窗口部件后，就可以给茶叶注册产品标识。和企业的其他信息化系统数据对接后，甚至只需要输入茶叶编码就能自动导入其他信息。

注册产品标识是为了后续的信息溯源，而信息溯源既面向终端客户，也面向企业用户。所以，本案例会开发两种用于标识查询的仪表板，对应不同的窗口部件。首先开发只有查询功能的窗口部件，这是面向终端客户的；然后开发既能查询还能更新标识信息的窗口部件，这是面向企业用户的。

对于前面已经介绍过的功能代码，后面不再介绍，读者可以自行查看 6.2.2 小节和 6.3.1 小节的相关内容。

1. 标识查询窗口部件

图 6-48 展示了输入标识编码并单击"查询"按钮前后的窗口部件界面，从中可以梳理出这个标识查询窗口部件的运行逻辑。

- 从输入框获取标识编码。
- 根据二级节点标识查询接口要求，发送指定请求。
- 请求成功，从响应消息中提取相关数据并显示。
- 显示数据的同时生成标识编码对应的二维码。
- 若用户单击"打印"按钮，则同时打印二维码和指定数据。

微课

标识查询窗口部件

（a）查询前界面

（b）查询后界面

图 6-48   茶叶溯源项目的标识查询窗口部件界面

上述功能被分别封装在不同的函数和方法中，有些函数和方法是 JavaScript 库自带的，有些函数和方法则需要自定义。大部分功能代码已在前文中介绍过，如获取输入框数据、发送请求、从响应消息中提取数据、生成二维码等的相关代码。这里与前文功能代码的区别主要在于发送的请求内容不同，提取的数据不同。

对比图 6-49 和图 6-24 可以发现，标识查询与标识注册的 HTML 代码框架基本一致，只是标识编码输入框和显示框的位置有一些变化。需要注意的是，同一个部件包里的不同部件，不能出现同名的 id，如第 114、115 行分别用 printArea1 和 qrcode1 与标识注册中的 printArea 和 qrcode 进行区分。

```html
1    <!--div容器-->
2  ▾ <div class="demo-container">
3        <!--表格布局-->
4  ▾     <div class="form">
5  ▾         <div class="dx-fieldset">
6  ▸             <div class="dx-field">▨</div>
9  ▸             <div class="dx-field">▨</div>
29 ▸             <div class="dx-field">▨</div>
49 ▸             <div class="dx-field">▨</div>
69 ▸             <div class="dx-field">▨</div>
89 ▸             <div class="dx-field">▨</div>
104▸             <div class="dx-field">▨</div>
114▾             <div id="printArea1" class="dx-field">
115▾                 <div id="qrcode1" style="text-align:center;height:180px">
116                 </div>
117             </div>
118         </div>
119     </div>
120 </div>
```

图 6-49　标识查询的 HTML 代码框架

而对比图 6-50 和图 6-27 则可以发现，两个部件的 JavaScript 代码框架差别也不大，只不过将 getID() 和 registerCode() 函数换成了 searchCode() 函数。

下面重点介绍"查询"按钮的单击响应事件和 searchCode() 函数。

图 6-51 展示了"查询"按钮具体代码，其中的重点还是 onClick() 函数。先获取输入框内容，然后将其赋给 cydata 的 cyid 属性，查询标识之前依然需要获取二级节点的登录授权，具体代码请自行补充。

```javascript
1    //定义数据字段并初始化
2  ▾ var cydata = {▨};
15
16   //窗口部件初始化
17 ▾ self.onInit = function() {▨};
26
27   //窗口字段初始化，生成输入框
28 ▾ self.textLayout = function() {▨}
70
71   //窗口按钮事件
72 ▾ self.btnLayout = function() {▨}
117
118  //自定义函数：标识查询
119▾ function searchCode(token, code) {▨}
189
190  //自定义工具函数：字符转码
191▸ function utf16to8(str) {▨}
```

图 6-50　标识查询的 JavaScript 代码框架及功能注释

```javascript
$('#search1').dxButton({
    stylingMode: 'contained',
    text: '查询',
    type: 'success',
    width: 120,
    onClick() {
        //获取输入框内容并赋值
        ;
        cydata.cyid;
        if (!!cydata.cyid) {
            //获取token
            ;
            if (!!tk && !!tk.token) {
                //调用searchCode函数
                ;
            } else {
                alert("请先授权登录二级节点！");
            }
        } else {
            alert("请输入标识编码！");
        }
    },
});
```

图 6-51　标识查询的"查询"按钮具体代码

图 6-52 展示了自定义函数 searchCode() 的代码结构，主要分为 3 步：①清空二维码；②清空历史查询结果；③调用 GET 接口请求查询标识信息。所以，该函数的重点是 GET 请求的参数设置。

请根据前面介绍的内容补充空缺代码。

```
119    //自定义函数：标识查询
120 ▾  function searchCode(token, code) {
121        //清空二维码
122        ;
123        //清空历史查询结果
124        ;
125        //调用GET接口
126 ▸      $.ajax(▭);
189    }
```

图 6-52　自定义函数 searchCode() 的代码结构

对比图 6-53 和图 6-38 可以发现，除了 type 参数从 POST 变成 GET，两张图中的代码的最大的差异在 url 参数的内容组成上，还体现了 GET 与 POST 的重要差异：GET 请求会在 URL 地址后以 ? 的形式加上发送给服务器的数据，如图 6-53 所示的 "?handle= code"，其中 code 是 searchCode() 函数的第 2 个参数；而 POST 请求则是在实体（body）内容中指出发给服务器的数据 data。

```
//调用GET接口
$.ajax({
    type: "GET",
    url: "http://127.0.0.1:3000/api/identityv2/data/detail?handle=" + code,
    contentType: 'application/json',
    dataType: "json",
    headers: {
        "Authorization": "Bearer " + token,
    },
    success: function(e) {▭},
    error: function(e) {▭}
});
```

图 6-53　searchCode() 函数 $.ajax() 方法

表 6-7 列出了 GET 与 POST 这两种 HTTP 请求的部分特征对比。

表 6-7　GET 与 POST 这两种 HTTP 请求的部分特征对比

对比项	GET	POST
后退按钮/刷新	对用户和程序无影响	数据会被重新提交（浏览器应告知用户数据会被重新提交）
书签	可收藏为书签	不可收藏为书签
缓存	能被缓存	不能被缓存
历史数据	参数保存在浏览器历史数据中	参数不保存在浏览器历史数据中
对数据长度的限制	有。当发送数据时，在 URL 添加数据，而 URL 的最大长度为 2048 个字符	无限制
对数据类型的限制	有。只允许使用 ASCII 字符	无限制。允许使用二进制数据
安全性	与 POST 相比，安全性较差，发送的数据是 URL 的一部分，所以在发送密码或其他敏感信息时不要使用 GET	比 GET 安全，因为参数不会被保存在浏览器历史数据或 Web 服务器日志中

回到 searchCode() 函数的 $.ajax() 方法，GET 请求成功响应，会返回 JSON 格式的响应参数，这里就需要在 successc 参数中将查询得到的结果显示在相应 UI 组件中，同时生成二维码，代码

如图 6-54 所示。

```
success: function(e) {
    if (e.status == 1) {
        //把返回数据显示出来
        $('#cycode1').dxTextBox({
            value: e.data.value[2].data.value,
            disabled: true,
        });
        $('#cyname1').dxTextBox(      );
        $('#cyspec1').dxTextBox(      );
        $('#cyarea1').dxTextBox(      );
        $('#cytype1').dxTextBox(      );
        $('#cyline1').dxTextBox(      );
        $('#ylcode1').dxTextBox(      );
        $('#cydate1').dxTextBox(      );
        $('#cycheck1').dxTextBox({
            value: e.data.value[10].data.value,
            disabled: true,
        });
        //生成二维码
        $('#qrcode1').qrcode({
            render: "canvas",
            text: utf16to8(cydata.cyid),
            width: 200,
            height: 200,
        });
        alert("标识查询成功！");
    } else {
        alert(e.message);
    }
},
```

图 6-54　searchCode()函数$.ajax() 方法的 success 参数

为了帮助读者更好地理解 GET 请求响应参数，下面介绍一个响应示例，响应参数的具体说明可以查看 4.2.1 小节。

```
{
    "status": 1,
    "message": "success",
     "data": {
        "prefix": "88.1021.150",
        "handle": "88.1021.150/002",
        "templateVersion": "1.0",
        "value": [
         {
            "auth": "1",
            "index": 1001,
            "type": "TEMPLATE",
        "data": {
                "format": "string",
                "value": "1.0"
            },
        } ,{
        ......
```

```
    }]
  }
}
```

响应参数包括 status、message 和 data 等，其中 data 是对象类型的参数，包括 prefix、handle、templateVersion 和 value 4 个属性。其中 value 的类型是数组类型，实际上 value 将包括表 6-8 中的 11 个元素，其中前 2 个元素是系统自带的，索引为 2～10 的元素与图 6-41 展示的"茶叶溯源"数据模板中的 9 个元素一一对应。

表 6-8　标识查询 GET 请求的响应参数中的 data.value

value 数组索引	index	type
0	1000	TEMPLATE_ID
1	1001	TEMPLATE
2	2000	cycode
3	2001	cyname
4	2002	cyspec
5	2003	cyarea
6	2004	cytype
7	2005	cyline
8	2006	ylcode
9	2007	cydate
10	2008	cycheck

图 6-55 所示为 UI 组件 TextBox 的所有属性，其中属性 mode 被设置为"search"，其余均取默认值，右下角为组件效果。可以基于这些属性修改 self.textLayout()方法，实现个性化部件效果，如当鼠标指针移动到输入框时出现提示文字（见图 6-56）。

```
new TextBox(container, {
    accessKey: undefined,
    activeStateEnabled: false,
    buttons: [ ... ],
    disabled: false,
    elementAttr: {},
    focusStateEnabled: true,
    height: undefined,
    hint: undefined,
    hoverStateEnabled: true,
    inputAttr: {},
    isValid: true,
    label: "",
    labelMode: "static",
    mask: "",
    maskChar: "_",
    maskInvalidMessage: "Value is invalid",
    maskRules: {},
    maxLength: null,
    mode: "search",
    name: "",
    onChange: null,
    onContentReady: null,
    onCopy: null,
    onCut: null,
    onDisposing: null,
    onEnterKey: null,
    onFocusIn: null,
    onFocusOut: null,
    onInitialized: null,
    onInput: null,
    onKeyDown: null,
    onKeyUp: null,
    onOptionChanged: null,
    onPaste: null,
    onValueChanged: null,
    placeholder: "",
    readOnly: false,
    rtlEnabled: false,
    showClearButton: false,
    showMaskMode: "always",
    spellcheck: false,
    stylingMode: "outlined",
    tabIndex: 0,
    useMaskedValue: false,
    validationError: null,
    validationErrors: null,
    validationMessageMode: "auto",
    validationStatus: "valid",
    value: "",
    valueChangeEvent: "change",
    visible: true,
    width: undefined
});
```

图 6-55　UI 组件 TextBox 的所有属性

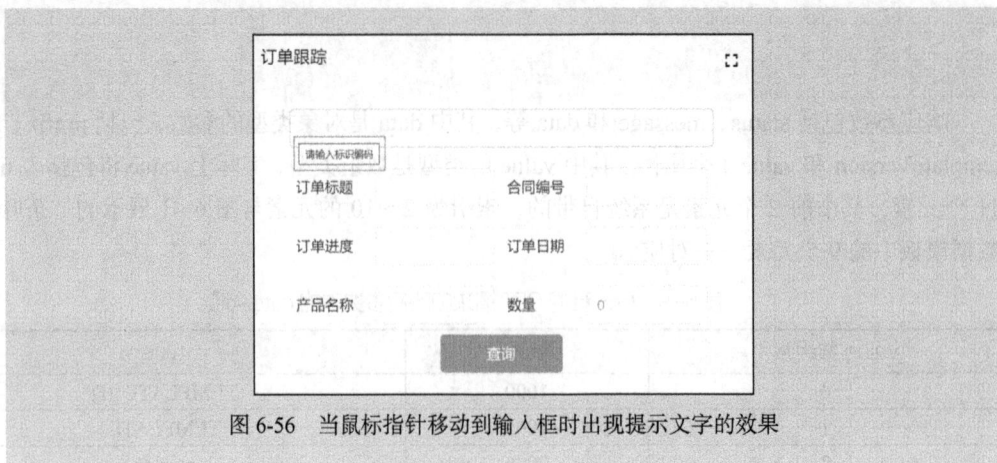

图 6-56　当鼠标指针移动到输入框时出现提示文字的效果

2. 标识删除与标识重新窗口部件

图 6-57 展示的是茶叶溯源项目的标识删除窗口部件界面。这个窗口部件可以用于实现标识的删除，一旦操作员输入产品的标识码并单击"删除"按钮，系统就会调用标识删除的接口将标识从二级节点业务管理系统上删除。

微课

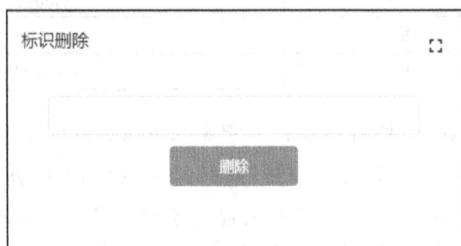

标识删除窗口部件

图 6-57　茶叶溯源项目的标识删除窗口部件界面

标识删除窗口部件的 HTML 代码和 JavaScript 代码都比较简单。图 6-58 展示的是茶叶溯源项目的标识删除的 HTML 代码框架，包含一个标识编码输入框和一个"删除"按钮。该代码框架与标识查询窗口部件的相似，这里不展开详细介绍。请根据前面的介绍补充其他代码。

```
1   <!--div容器-->
2   <div class="demo-container">
3       <!--表格布局-->
4       <div class="form">
5           <div class="dx-fieldset">
6               <div class="dx-field"></div>
9               <div class="dx-field" style="text-align:center;">
10                  <div id="delete"></div>
11              </div>
12          </div>
13      </div>
14  </div>
```

图 6-58　茶叶溯源项目的标识删除的 HTML 代码框架

图 6-59 展示的是茶叶溯源的标识删除的 JavaScript 代码框架及功能注释。通过 4.2.1 小节内容可知，标识删除的请求参数与标识注册的请求参数基本一致，不一样的是 type 参数从"POST"变成"DELETE"，所以只要重写 deleteCode()函数中的$.ajax()方法，就能实现标识删除的功能。

请根据前面的介绍补充空缺代码。

```
1    //定义数据字段并初始化
2    var cyid = "";
3
4    //窗口部件初始化
5 ▶  self.onInit = function() {▭};
11
12   //窗口字段初始化，生成输入框
13 ▶ self.textLayout = function() {▭}
18
19   //窗口按钮事件
20 ▶ self.btnLayout = function() {▭}
41
42   //自定义函数：删除标识
43 ▶ function deleteCode(token, code) {▭}
```

图 6-59　茶叶溯源项目的标识删除的 JavaScript 代码框架及功能注释

从图 6-60 中可以发现，标识更新窗口部件结合了标识注册和标识查询的内容。

- 输入标识编码进行标识查询。
- 获取标识编码的相关数据并显示。
- 进行数据项的更新与修改，单击"更新"按钮，数据更新并显示对应的二维码。
- 若用户单击"打印"按钮，则同时打印二维码和指定数据。

注意，标识更新不能对标识编码进行修改。

（a）输入标识编码并单击"查询"按钮后的结果　　（b）修改包装规格并单击"更新"按钮后的结果

图 6-60　标识更新窗口部件查询与更新的结果

这里不提供标识更新窗口部件的 HTML 和 JavaScript 代码框架，只提供图 6-61 所示的自定义函数 updateCode()的代码结构和图 6-62 所示的 updateCode()函数发送 PUT 请求的 data 数据举例。updateCode()函数中调用与前面部件不同的 PUT 请求，其参数基本与 POST 请求和 GET 请求的一样。

```
287    //自定义函数：更新标识
288 ▾ function updateCode(token, code) {
289        //调用PUT接口
290 ▾     $.ajax({
291            type: 'PUT',
292            url: "http://127.0.0.1:3000/api/identityv2/data",
293            contentType: 'application/json',
294            dataType: 'json',
295 ▸         headers: {▩},
298 ▸         data: JSON.stringify(▩),
375 ▸         success: function(e) {▩},
388 ▸         error: function(e) {▩}
391        });
392    }
```

图 6-61　标识更新的自定义函数 updateCode() 的代码结构

```
{
    auth: "",
    index: 2004,
    type: "cytype",
    data: {
        format: "string",
        value: cydata.cytype.split('/')[1]
    },
},
{
    auth: "",
    index: 2005,
    type: "cyline",
    data: {
        format: "string",
        value: cydata.cyline.split('/')[1]
    },
},
```

图 6-62　标识更新 updateCode() 函数发送 PUT
请求的 data 数据举例

> **实操** 按照前面的介绍完善标识更新窗口部件的代码，在数据项中修改包装规格，完成茶叶溯源标识数据项的标识更新。

【项目小结】

本项目通过工业互联网标识解析在产品/设备层创新应用的学习实训，帮助读者通过开发茶叶标识的注册、更新、查询和删除等窗口部件，实现茶叶信息的溯源项目开发。项目小结思维导图如图 6-63 所示。

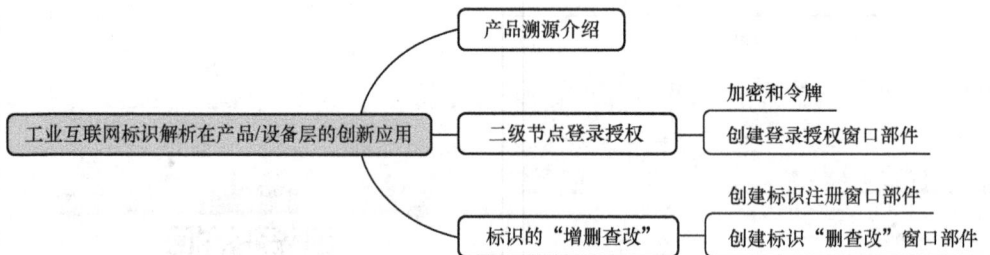

图 6-63　项目小结思维导图

【思考与练习】

（1）简述茶叶溯源项目的窗口部件开发步骤。

（2）开发并补充完整标识的注册、更新、查询和删除窗口部件。

项目7

工业互联网标识解析在流程/过程层的创新应用

【案例引入】

工业互联网标识解析在流程/过程层依托产品/设备层形成的标识数据资源池，开展了丰富的应用探索并使许多应用落地；围绕生产、工艺、流程等场景开展了生产过程管理、供应链管理、运营优化、生产协同、生产安全管理等应用。工业互联网标识解析技术可以对订单信息进行标识化处理，生成唯一的标识码，然后将该标识码与订单信息进行关联。在订单生命周期的各个阶段，通过扫描或读取标识码，可以快速获取订单的状态、位置、进度等信息，实现对订单的实时监控和管理。通过工业互联网标识解析技术，企业可以实现对订单的全生命周期管理，提高订单处理效率和准确性，降低生产和物流成本，提升客户满意度。

【职业能力目标】

能根据业务需求，完成标识解析在流程/过程层的应用开发。

【学习目标】

- 熟悉制造业企业的典型生产流程。
- 理解订单标识在生产流程中的作用。
- 能够模仿案例项目在 ThingsBoard 平台上创建其他应用模块。

【知识链接】

7.1 订单管理和订单跟踪

产品溯源是工业互联网标识解析在产品/设备层的典型应用，那在流程/过程层，工业互联网标识解析又有哪些应用呢？

图 7-1 所示的是无锡红豆集团基于标识解析体系的个性化定制解决方案。该方案融合先进制版技术和测量技术，有效形成用户信息智能测量、大数据建模制版与智能柔性生产一体化的个性化服装定制产品产业链，构建服装链各节点的大数据体系与全终端、全场景的数字化智能平台，树立低成本、高品质、个性化的品牌服装定制模式新标杆。

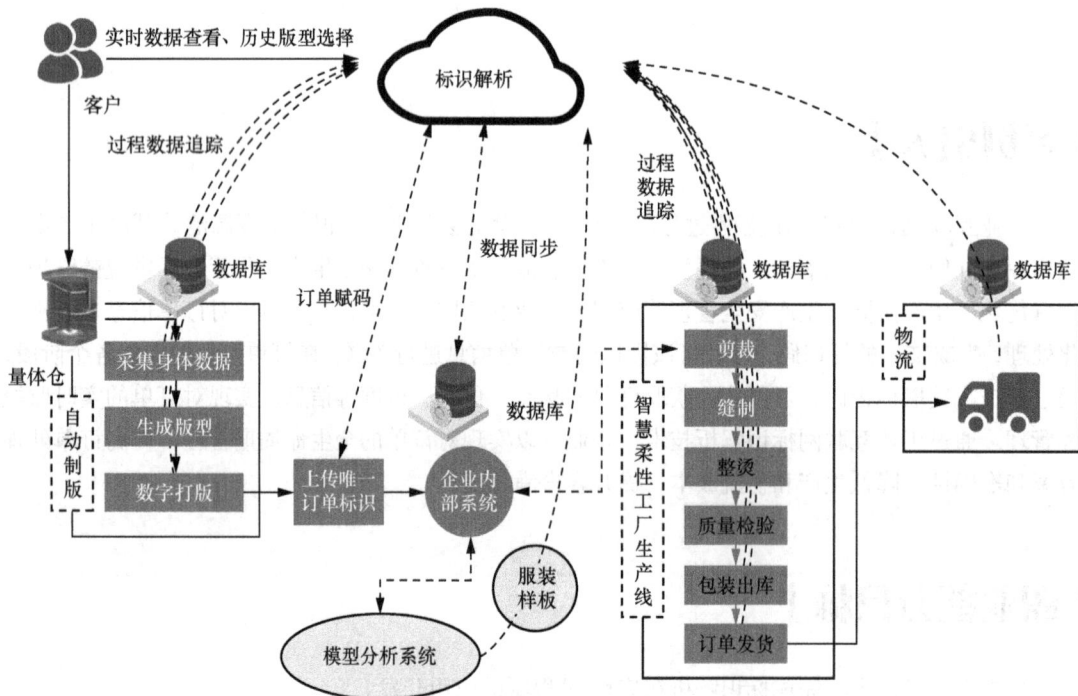

图 7-1 基于标识解析体系的个性化定制解决方案

使用该方案后，无锡红豆集团个性化定制衬衫交货时间由 15 个工作日缩短为 7 个工作日。自动制版提高 30%的精确度，缩短 45%的时间。

图 7-2 所示的是江苏阳光集团推出的基于标识解析的拉式生产物流系统解决方案。该方案利用 RFID 固件赋予订单唯一标识，实现产业链的全流程贯通。该方案的流程如下：首先，系统在订单接入后，会根据交货期限设定限时监控，实现下游工序对上游工序的 "拉式" 督促，同时系统通过生产车间 "智能工位显示设备" 定向展示工序名称、尺寸要求、辅料明细以提高制作效

率；其次，系统会按照服装品类构建工艺标识数据库，按照客户款式构建部件库、版型库，并利用制造执行系统（Manufacturing Execution System，MES）与一般车缝时间（General Sewing Time，GST）系统智能提取加工方案，完成成品配对、入库、出库、发货的全生产流程监控；最后，通过标识解析，系统会自动打印袖牌条码和包装条码，形成快递单据办理出库，并将快递信息直接反馈至终端客户。

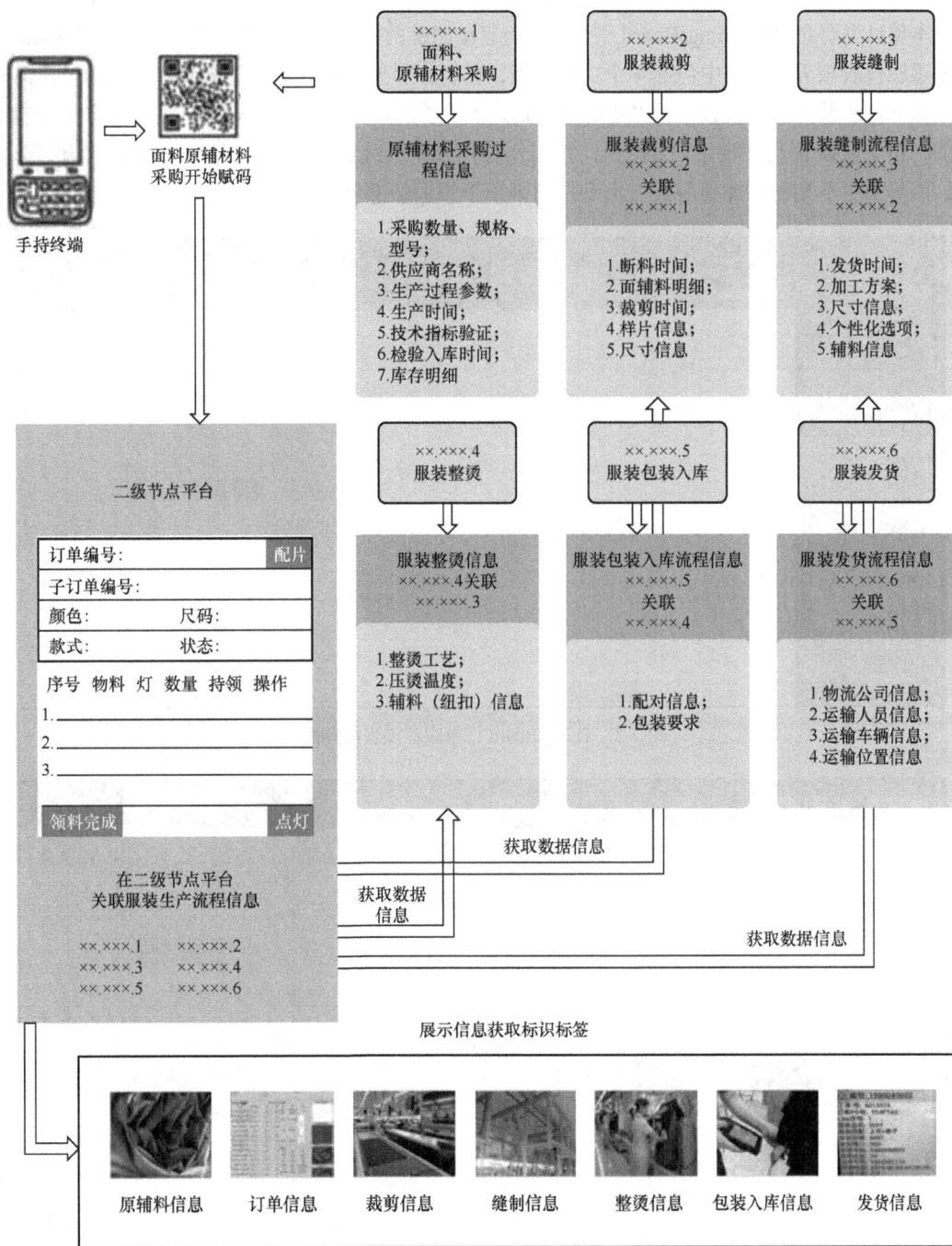

图 7-2　基于标识解析的"拉式"生产物流系统解决方案

在"拉式"生产物流系统的支撑下，单套服装断料时间可节省 45%，绣字时间可节省 75%，裁剪速度提升至 2.75 套/（人·天）；产线员工成本降低 3%/套，管理员工成本降低 3.5%/套；产线员工总数可减少 13.8%，管理人员可减少 25.7%。

工业互联网标识解析在服装行业的创新应用案例，体现了标识解析在流程/过程层的重要作用。本项目将继续介绍项目 3 提到的西服定制案例，看看一套西服是怎么诞生的，涉及了哪些流程环节；而标识解析又在其中发挥了什么作用。

本项目主要介绍在 ThingsBoard 平台上进行订单跟踪的部件开发，图 7-3 所示的是 ThingsBoard 订单跟踪仪表板界面，其中包括 4 个功能模板，它们分别为销售订单、订单跟踪、Thingsboard 登录授权和二级节点登录授权。图 7-4 所示的则是图 7-3 对应部件包完成界面，其中含有 4 个窗口部件，每个窗口右上角都有 4 个按钮，它们分别表示展开到全屏、编辑部件、导出部件和删除部件，而界面右下角的添加新的部件类型按钮则用于添加新部件。

图 7-3　ThingsBoard 订单跟踪仪表板界面

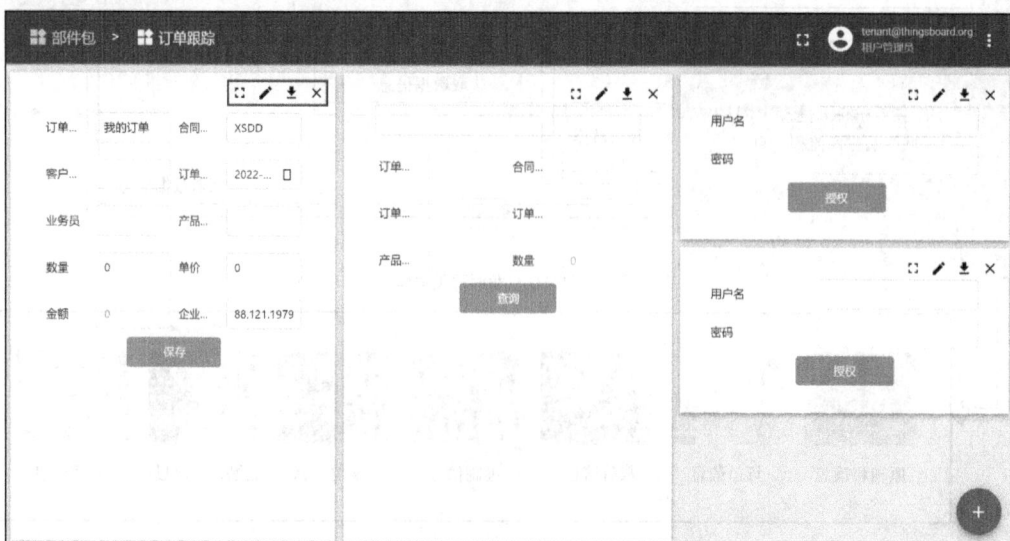

图 7-4　ThingsBoard 订单跟踪部件包完成界面

本项目的准备工作是先在 ThingsBoard 部件包库中导入本书提供的"订单跟踪——教学.json"部件包,然后打开该部件包,可以看到图 7-5 所示的界面。

图 7-5　ThingsBoard 订单跟踪部件包待补充界面

对比图 7-4 和图 7-5 所示界面,可以大致了解本项目需要完成的任务。

7.1.1　订单管理

作为触发生产的"导火线",销售订单非常重要,信息化程度高的企业会有专门的订单管理系统(Order Management System, OMS),信息化程度不高的企业也会使用 Excel 等常用软件记录与汇总订单,当然不排除还有手工订单的存在。

不管使用哪种记录方式,订单内容的基本要素都是相似的,如产品名称、客户名称、订单日期、金额、数量等。为了便于后续管理,在西服定制订单中,你觉得哪些信息是必需的?

OMS 直接对接用户操作,订单数据集成到后端智能系统,能够实现从量体、设计、生产工艺到销售数据的互通,有助于快速响应市场,提升客户体验和企业竞争力;供应链管理、生产制造执行和智能仓储系统等成套软硬件产品及服务的导入与集成,支撑计划、供应、生产、销售全业务互联,帮助工厂实现从大规模制造向大规模定制的转型。

OMS 通常与企业资金流、实物流和人力流密切相关,关联到不同信息化系统,如企业资源计划(Enterprise Resource Planning,ERP)、MES、仓库管理系统(Warehouse Management System,WMS)等。图 7-6 所示的是卡奥斯数字科技(青岛)有限公司运营的海尔 COSMOPlat 工业互联网平台为服装企业提供的从交互、设计、营销、采购、生产、物流和售后等全流程解决方案。

写出图 7-6 涉及的信息化系统(ERP、MES、WMS 等)的中英文全称。

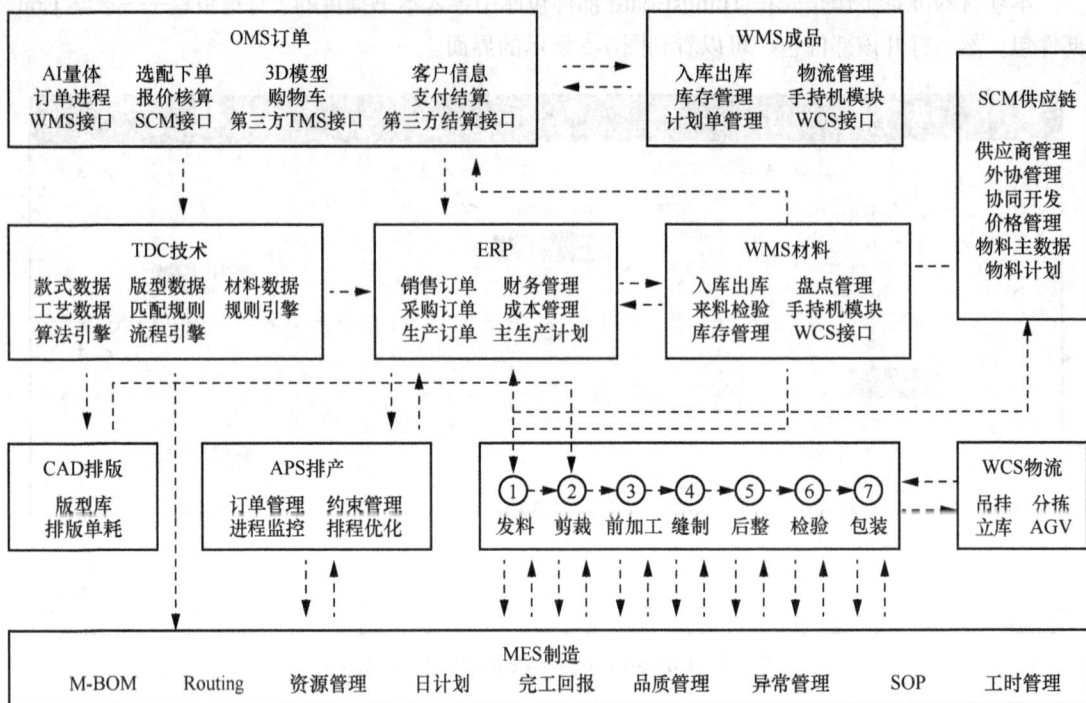

图 7-6　基于 COSMOPlat 工业互联网平台的服装大规模定制

7.1.2　订单跟踪

消息队列遥测传输（Message Queuing Telemetry Transport，MQTT）是由 IBM 公司开发的即时通信协议，是比较适合工业互联网场景的通信协议。MQTT 采用发布/订阅（Publish/Subscribe）模式，发送消息的客户端被称为发布者（Publisher），接收消息的客户端被称为订阅者（Subscriber）。MQTT 中心是 MQTT 代理（也称为中间方，Broker），负责连接客户端并过滤数据，包括主题过滤、类型过滤和内容过滤。

MQTT 可以有许多生产者（发布者）和消费者（订阅者），如图 7-7 所示。该图中有两个主题（Topic）——温度和湿度被考虑，而客户端可以订阅多个主题。

一次典型的 MQTT 协议消息通信流程如下。

- 发布者和订阅者都建立了到 MQTT 代理的传输控制协议（Transmission Control Protocol，TCP）连接。
- 订阅者告知代理它要订阅的消息主题。
- 发布者将消息发送给代理，并指定消息主题。
- 代理接收到消息后，检查都有哪些订阅者订阅了这个主题，然后将消息发送给订阅者。
- 订阅者从代理处获取消息。
- 如果某个订阅者此时处于离线状态，代理可以先为它保存此条消息，当订阅者下次连接到代理时，代理再将之前的消息发送给订阅者。

如图 7-8 所示，实训设备中的智能网关采集 RFID 读写器的数据，然后作为 MQTT 发布者向 MQTT 代理发布"订单进度"主题消息，而 ThingsBoard 平台上搭建的 MQTT 代理接收到消息后，会向之前已订阅"订单进度"主题的节点发送消息，而这个订阅者节点已提前运行于 ThingsBoard 平台。通过在 ThingsBoard 平台建立更新标识相关的规则链（见图 7-9），设置"更新标识"动作，再将"订单进度"数据以指定格式发给标识解析二级节点管理系统。

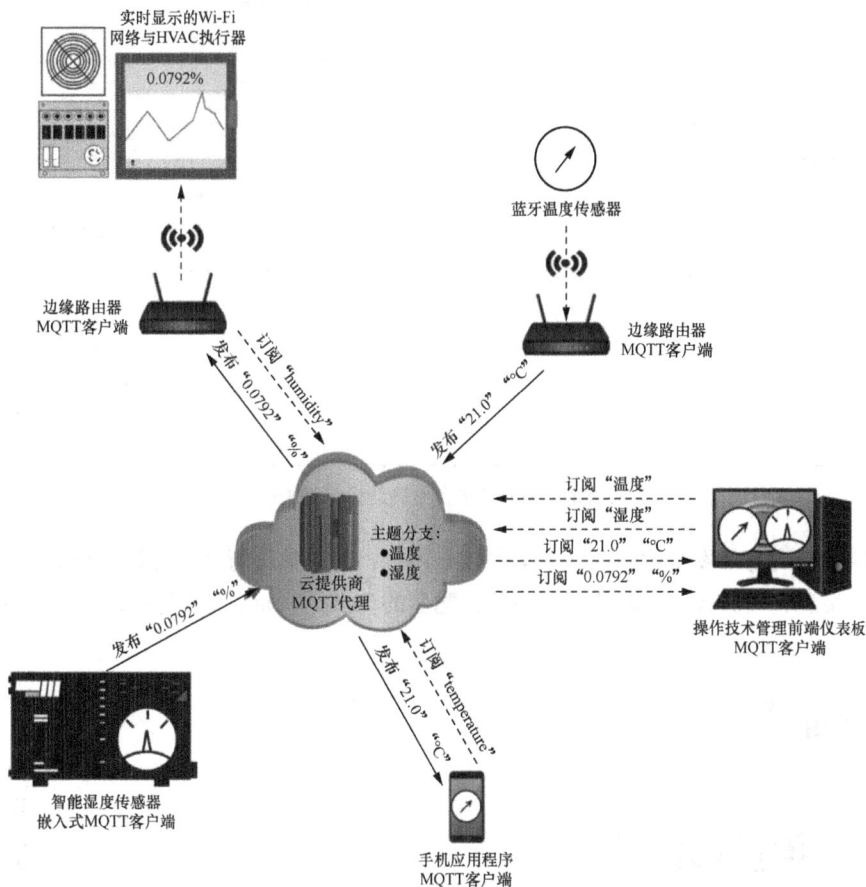

图 7-7　MQTT 发布/订阅模式：运行在边缘的客户端发布或订阅由 MQTT 代理管理的主题

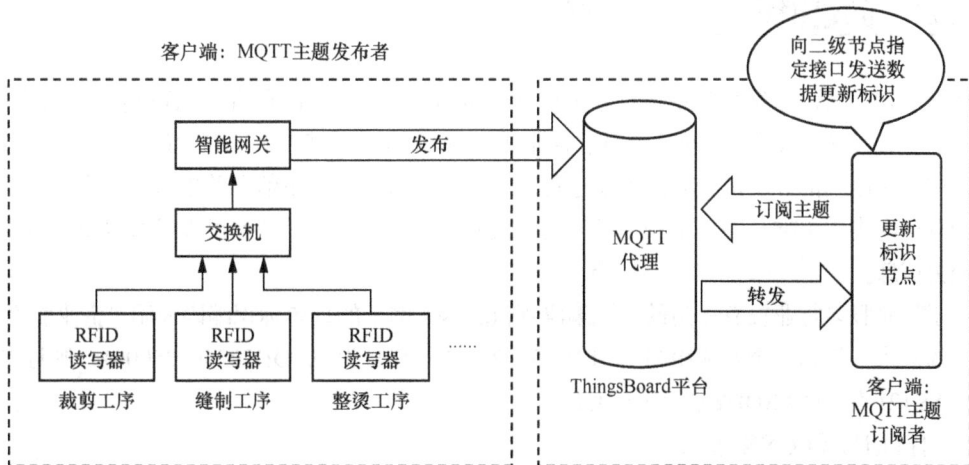

图 7-8　西服定制订单进度数据传输示意图

注：配套实训设备只有 1 台 RFID 读写器，直接连接网关。

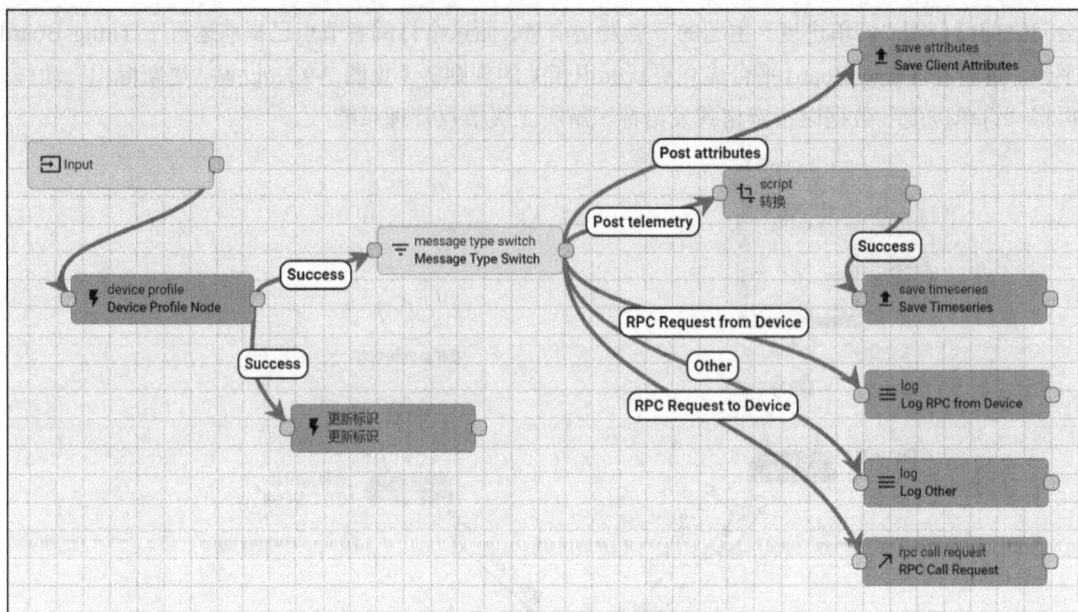

图 7-9　ThingsBoard 平台中更新标识相关的规则链

由于这部分内容开发难度较大，非本书核心内容，这里只进行基本介绍，帮助读者理解订单跟踪的功能实现，而具体的功能代码已集成在配套的 ThingsBoard 安装包里，不需要另外开发。

【项目实施】

微课

创建销售订单
窗口部件

7.2　订单窗口部件

7.2.1　创建销售订单窗口部件

如图 7-10 所示，本案例的销售订单窗口部件包括订单标题、合同编号、客户名称、订单日期、业务员、产品名称、数量、单价、金额、企业前缀 10 项内容，其中 7 项有默认内容。销售订单窗口部件用于模拟大部分制造企业的下单过程，一旦业务员输入订单信息并单击"保存"按钮，系统就会自动生成一个唯一的订单号标识编码，表明生成该订单，后续都可以通过这个编码查询到订单相关信息。

由于目前服装行业没有专门的标识编码规范，本案例中的订单标识编码采用"企业前缀/合同编号"的格式。例如，企业前缀为 88.121.19792，合同编号为 XSDD202305050001，则订单标识编码为 88.121.19792/XSDD202305050001。

1. HTML 和 CSS 资源

如图 7-11 所示，首先需要添加两个外部 JavaScript/CSS 资源，后续 HTML 和 JavaScript 代码都会调用这两个文件中定义的资源。

图 7-10　ThingsBoard 平台销售订单窗口部件

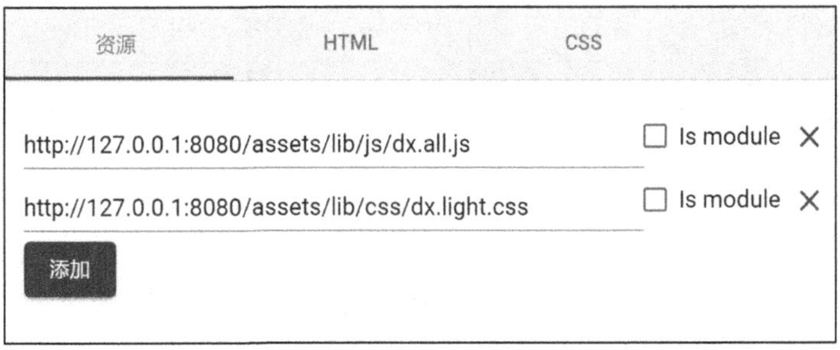

图 7-11　销售订单的外部 JavaScript/CSS 资源

　　可以将销售订单窗口部件看成 5 行 2 列的表格加上居中的"保存"按钮以及最后一行的标识显示框，所以在 HTML 编辑页面，使用了表格布局，代码框架如图 7-12 所示。其中使用 div 元素将页面分割为多个独立区块，配合使用 class 属性重复定义相同样式的区域。

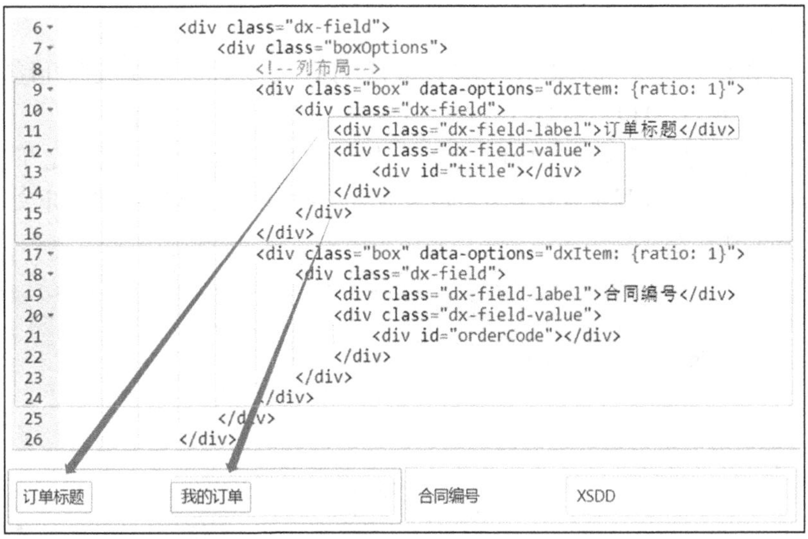

图 7-12　销售订单的 HTML 代码框架

图 7-13 展示了图 7-12 中第 6～26 行折叠部分的代码，对应第一行的列布局。具体来看，这部分代码的第 9～16 行和第 17～24 行，分别对应两列内容。

以第 9～16 行代码为例（见图 7-13 中第一个方框），该 div 区块定义了 class 属性"box"，还定义了 data-options 属性。这里可以把 box 理解为第一个方框所包含的容器空间。而第 10～15 行的 div 区块的 class 属性为"dx-field"，相当于在容器里填充的内容，且该区块内含两个子区块，两个子区块的 class 属性分别为 dx-field-label 和 dx-field-value，分别对应第一个方框里的两列。

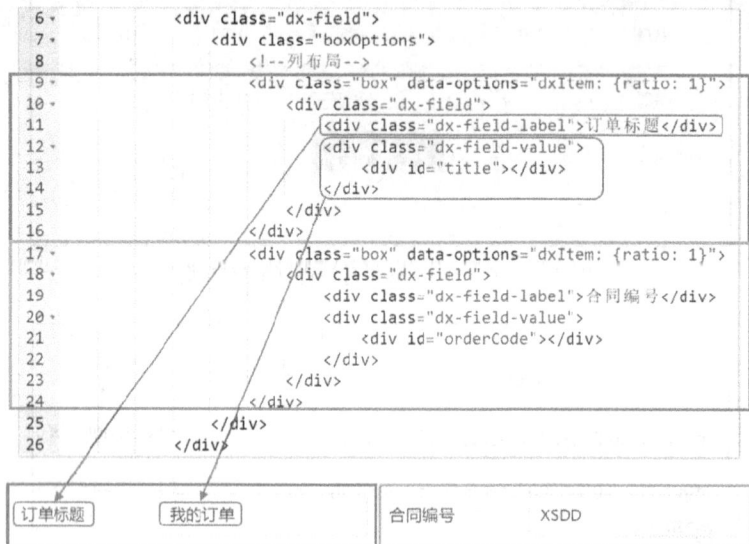

图 7-13　列布局详细代码及预览效果

这里第一列 dx-field-label 的值为"订单标题"，如第 11 行代码所示；而 dx-field-value 的值是一个 id 为"title"的变量，"title"的样式（方框）和值（"我的订单"）都会在对应 JavaScript 代码中定义。

从上面的描述中可以看出，属性 class 和 id 的区别，前者可以重复使用，而后者具有唯一性。

对比第 9～16 行和第 17～24 行两部分代码，可以看出 data-options 属性中确定了两个 box 容器的占比为 1∶1。

后面 4 行内容的代码（分别从第 27、48、69、90 行开始折叠）与第一行的类似，请参考 JavaScript 部分 cydata 字段（第 27～110 行）自行补充。

现在直接来看"保存"按钮的相关代码，如图 7-14 所示，这里只确定了 style 属性为"text-align:center"（设置文字居中对齐）以及 id 属性为 save。注意，这里还没有确定文字为"保存"，需要在 JavaScript 中定义。

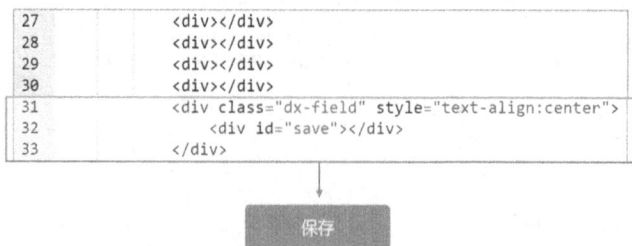

图 7-14　保存按钮详细代码及预览效果

CSS 部分代码比较简单，大部分直接使用外部资源中的定义，如图 7-15 所示，详细可参考6.2.2 小节。

2. JavaScript

JavaScript 部分代码是重点和难点，它的主要内容如图 7-16 所示。窗口部件对象为 self，加载完毕第一个触发的是 self.onInit()方法，该方法用于窗口部件的初始化，它会调用 self 的 textLayout和 btnLayout 方法，其中还会调用自定义的 3 个函数，这些自定义函数用于完成订单数据的保存、标识的注册和标识编码的拼接。

```
1 ▾ .box {
2       align-items: center;
3       padding-top: 10px;
4       height: 100%;
5 }
6 ▾ .dx-field {
7       width: 94%;
8       margin-left: 3%;
9       margin-right: 3%;
10 }
```

图 7-15　CSS 参考代码

```
1     //定义数据字段并初始化
2 ▸ var cydata = {▦};
16
17    //窗口部件初始化
18 ▸ self.onInit = function() {▦};
31
32    //窗口字段初始化，生成输入框
33 ▸ self.textLayout =  function() {▦}
99
100   //窗口按钮事件
101 ▸ self.btnLayout =  function() {▦}
124
125   //自定义函数：拼接标识编码
126 ▸ function getCode() {▦}
151
152   //自定义函数：保存订单数据
153 ▸ function saveOrder(token) {▦}
201
202   //自定义函数：注册标识
203 ▸ function registerCode(token, code) {▦}
```

图 7-16　销售订单的 JavaScript 代码框架及功能注释

（1）定义数据字段并初始化

这里的字段对应图 7-10 所示的所有可见字段以及单击"保存"按钮后值发生变化的字段。如图 7-17 所示，除了标识编码对应的 identifyCode 和订单进度对应的 schedule，其余 10 个字段已经在 HTML 代码中通过 id 调用过初始值。除了数量对应的 quantity、单价对应的 price 和金额对应的 amount 这 3 个字段为数值类型的字段，其余字段都为字符串类型的字段。这里企业前缀对应的prefix 的初始值"88.121.19792"已经在前文案例中多次使用，如注册其他企业前缀，需要修改该值。

```
1     //定义数据字段并初始化
2 ▾ var cydata = {
3       'title': "我的订单",          //订单标题
4       'orderCode': "XSDD",         //合同编号
5       'customer': "",              //客户名称
6       'orderDate': "",             //订单日期
7       'salesman': "",              //业务员
8       'materialName': "",          //产品名称
9       'quantity': 0.00,            //数量
10      'price': 0.00,               //单价
11      'amount': 0.00,              //金额
12      'prefix': "88.121.19792",    //企业前缀
13      'schedule': "",              //订单进度
14      'identifyCode': "",          //标识编码
15      'identify': ""
16 };
```

图 7-17　销售订单窗口部件的数据字段及其初始值

（2）重写窗口部件的初始化方法 self.onInit()

如图 7-18 所示，重写的 self.onInit()方法直接调用了 textLayout 和 btnLayout 方法，初始化窗口部件并设置按钮事件。至于第 20～23 行代码的作用，会在后面说明。

```
17    //窗口部件初始化
18  ▾ self.onInit = function() {
19        //获取企业前缀
20        var pre = JSON.parse(localStorage.getItem("enterprise_prefix"));
21  ▾    if (!!pre && !!pre.prefix) {
22            cydata.prefix = pre.prefix;
23        }
24        //字段初始化
25        self.textLayout();
26        //按钮事件
27        self.btnLayout();
28  };
```

图 7-18　销售订单 self.onInit()方法

（3）重写 self.textLayout()方法

如图 7-19 所示，调用 jQuery 对象的相关方法，设置输入框初始值和输入要求等。复习一下，jQuery 的基础语法规范是"$(selector).action()"，其中"selector"表示选择器，用于查询、查找 HTML 元素。图 7-19 中包含图 7-10 所示界面上 10 个元素，对应第 1 部分 HTML 代码中的 10 个 id，通过'#id'进行选择，而'.class'选择的是 HTML 中的 class 元素。通过$(selector)确定了 jQuery 对象后，通过.action()[如 dxBox()、dxTextBox()、dxDateBox()等]调用不同方法设置 UI 组件 Box、TextBox、DateBox 的相关属性。所有 UI 组件的属性、方法、事件都定义在资源文件（dx.all.js）中。

```
32    //窗口字段初始化，生成输入框
33  ▾ self.textLayout =  function() {
34  ▸    $('.boxOptions').dxBox(⬚);
38  ▸    $('#title').dxTextBox(⬚
40  ▸    }).dxValidator(⬚);
46  ▸    $('#orderCode').dxTextBox(⬚
48  ▸    }).dxValidator(⬚);
54  ▸    $('#customer').dxTextBox(⬚);
57  ▸    $('#orderDate').dxDateBox(⬚
61  ▸    }).dxValidator(⬚);
67  ▸    $('#salesman').dxTextBox(⬚);
70  ▸    $('#productName').dxTextBox(⬚
72  ▸    }).dxValidator(⬚);
78  ▸    $('#quantity').dxNumberBox(⬚);
82  ▸    $('#price').dxNumberBox(⬚);
86  ▸    $('#amount').dxNumberBox(⬚);
90  ▸    $('#prefix').dxTextBox(⬚
92  ▸    }).dxValidator(⬚);
98    }
```

图 7-19　销售订单 self.textLayout()方法

如图 7-20 所示，通过 dxBox()方法将 boxOptions 这个 class 元素设置为行方向、宽度为 100%；而通过 dxTextBox()方法将 title 这个 id 元素的值设为 cydata 对象的 title 值，然后继续调用 dxValidator()方法设置输入框验证要求——必填项（required），并显示消息"订单标题必须有值！"。可以参照这两个元素的设置方法设置剩下的 HTML 元素，这里不再重复介绍。注意，dxDateBox()中使用了 type、value 和 displayFormat 属性，并新建 Date 对象以获取当前日期。

（4）重写 self.btnLayout()方法

本步骤与步骤（3）类似，通过 dxButton()方法设置 id 为 save 的 UI 组件 Button，这里除了设置属性，还设置了按钮的单击触发事件，如图 7-21 所示。

```
$('.boxOptions').dxBox({
    direction: 'row',
    width: '100%',
});
$('#title').dxTextBox({
    value: cydata.title,
}).dxValidator({
    validationRules: [{
        type: 'required',
        message: '订单标题必须有值！',
    }]
```

图 7-20　jQuery 对象的部分方法举例

```
100    //窗口按钮事件
101    self.btnLayout = function() {
102        $('#save').dxButton({
103            stylingMode: 'contained',
104            text: '保存',
105            type: 'success',
106            useSubmitBehavior: true,
107            width: 120,
108            onClick() {▆},
122        });
123    }
```

图 7-21　销售订单 self.btnLayout()方法

下面来看一下按钮的单击触发事件，通过 Button 的 onClick 属性来实现。onClick()是一个函数，而单击"保存"按钮想要实现的操作是将用户通过输入框输入的信息保存到数据库，同时完成标识注册（前提是信息完整能够组成标识编码）。这些动作分别被封装到自定义函数 getCode()、saveOrder()和 registerCode()中，onClick()中只需要调用相关函数即可。

如图 7-22 所示，先通过外层 if-else 结构判断数据是否完整，即基于输入框信息能否组成订单标识编码，表现为自定义函数 getCode()是否有返回值，这里的编程小技巧是通过二次取反"!!"将数据对象的类型转换为 Boolean 类型，进而作为 if 条件。

```
onClick() {
    if (!!getCode()) {   //判断getCode()函数的返回值
        //获取token
        var tk = JSON.parse(localStorage.getItem("fzcitln_token"));
        if (!!tk && !!tk.token) {
            //调用函数
            saveOrder(tk.token);
        } else {
            alert("请先授权登录二级节点！");
        }
    } else {
        alert("请完善数据！");
    }
},
```

图 7-22　销售订单的 Button 的 onClick 属性的具体代码

由于标识注册需要标识解析二级节点的授权，这里新建变量 tk 从缓存中获取授权令牌，再在内层 if-else 结构中判断该令牌是否为空；若未完成登录授权，则需要用户在另一个二级节点登录授权窗口部件中完成登录授权，以便将授权令牌存储到浏览器缓存中。

这里 onClick()内外层 else 语句都调用了 alert()方法，该方法用于弹出相关弹窗消息以提醒用户。从浏览器缓存 localStorage 获取授权令牌时，需要知道保存令牌时键值对中的"键"（这里是 fzcitln_token），然后通过 getItem()方法调用"值"，并且它将直接作为 JSON.parse()方法的参数被调用，该方法将数据转换为 JavaScript 对象，将其返回赋值给对象 tk，进一步判断 tk 是否为空且 tk 包含的 token 值是否为空。

下面就依次介绍自定义的 getCode()、saveOrder()和 registerCode()函数。

（5）创建 getCode()拼接标识编码函数

由上文对标识编码的定义可知，要拼接标识编码，必须有企业前缀和合同编号两项数据。为了保证数据的完整性，即得到标识编码的同时其他数据项尤其是必填项信息完整。getCode()函数的功能就是从窗口输入框中获取数据并赋值给全局变量 cydata，然后拼接标识编码。

如图 7-23 所示，第 127 行代码表示获取窗口输入框数据并将其赋给局部变量 input，这里用到 self 变量 ctx 属性的 "$container" 属性，它是 jQuery 对象类型的属性，通过 find()方法可以查询到想要的结果。

第 128～135 行和第 141 行分别利用$.find()方法获取 9 项数据值，input.find("#title .dx-texteditor-input") 表示选取 input 对象中 id 为 "title" 的元素里的 class 为 "dx-texteditor-input" 的元素，注意，不能省略两个元素之间的空格；然后将查找结果中索引为 0 的元素的 value 赋给 cydata.title，其余 8 项数据赋值类似。而销售订单窗口部件中的 "金额"（amount）不是用户输入的，而是系统自动计算得到的，所以不能用上面介绍的方法获取。仔细查看第 136～140 行代码，其中第 136 行代码用于对变量 cydata.amount 赋值，不难理解——计算数量×单价的结果并保留两位小数，而后面 4 行代码是什么意思呢？是否很眼熟？是的，这 4 行代码在 self.textLayout()方法中已经使用过，其作用就是把 cydata.amount 的数值显示在 id 为 amount 的 UI 组件 NumberBox 中。

```
125  //自定义函数：拼接标识编码
126 ▾ function getCode() {
127      var input = self.ctx.$container;    //获取输入框内容
128      cydata.title = input.find("#title .dx-texteditor-input")[0].value;
129      cydata.orderCode = input.find("#orderCode .dx-texteditor-input")[0].value;
130      cydata.customer = input.find("#customer .dx-texteditor-input")[0].value;
131      cydata.orderDate = input.find("#orderDate .dx-texteditor-input")[0].value;
132      cydata.salesman = input.find("#salesman .dx-texteditor-input")[0].value;
133      cydata.productName = input.find("#productName .dx-texteditor-input")[0].value;
134      cydata.quantity = input.find("#quantity .dx-texteditor-input")[0].value;
135      cydata.price = input.find("#price .dx-texteditor-input")[0].value;
136      cydata.amount = (cydata.quantity*cydata.price).toFixed(2);   //计算金额，并显示
137 ▾    $('#amount').dxNumberBox({
138          value: cydata.amount,
139          disabled: true,
140      });
141      cydata.prefix = input.find("#prefix .dx-texteditor-input")[0].value;
142      //先验证数据项是否完整，再拼接
143 ▸    {▭}
150      return cydata.identifyCode;
151  }
```

图 7-23　自定义 getCode()函数

最后看一下第 143～149 行的代码（见图 7-24），这些代码确定了如何验证数据项完整性并完成标识编码的拼接。

这里通过将复合逻辑表达式作为 if 选择的条件来验证数据项是否完整。如图 7-24 所示，if 的条件表达式中包含对 7 项数据的非空判断，也就是除了客户名称和业务员，其他由用户输入的数据都是必填的。

当然，上述标准并不唯一，具体标准还是由企业自行决定的，记录保存的数据项越多，信息越完整，就越有利于后续追溯，但这也意味着需要越多的存储资源。

如果必填数据项不完整，标识编码 identifyCode 为空，即 getCode()函数返回值为空，由图 7-22 可知，会弹窗提醒用户完善数据。

```
if (!!cydata.title && !!cydata.orderCode && !!cydata.orderDate &&
    !!cydata.productName && !!cydata.quantity && !!cydata.price &&
    !!cydata.prefix) {
    cydata.identifyCode = cydata.prefix + '/' + cydata.orderCode;
} else {
    cydata.identifyCode = "";
}
```

图 7-24　if-else 结构验证输入数据项完整性并拼接标识编码

（6）创建 saveOrder()保存订单函数

由步骤（4）可知，单击"保存"按钮并调用 saveOrder()函数后，也完成了订单信息的保存和标识注册，所以不难理解 saveOrder()中会调用 registerCode()函数，而图 7-22 所示的"saveOrder (tk.token)"中的参数 tk.token 就与标识注册相关。数据的保存是通过 jQuery 的 ajax() 方法完成的。

如图 7-25 所示，saveOrder()函数的基本框架与图 7-22 中的 onClick()函数的基本框架类似，都是先获取授权令牌，不同的是，这里需要获取 ThingsBoard 平台的授权令牌，因为订单信息要存储到 ThingsBoard 平台关联的 PostgreSQL 数据库表格中，若令牌值不为空，则调用$.ajax() 方法向 ThingsBoard 平台指定接口发送数据。

```
125    //自定义函数: 保存订单数据
126 ▾  function saveOrder(token) {
127        //获取ThingsBoard的token, jwt: Json Web Token
128        var TB_token = localStorage.getItem("jwt_token");
129 ▾      if(!!TB_token){
130            //调用POST接口
131 ▸          $.ajax(▨);
172 ▾      }else{
173            alert("请先授权thingsboard! ");
174        }
175    }
```

图 7-25　自定义 saveOrder()函数

如图 7-26 所示，$.ajax() 方法的参数基本都能在表 6-2 中找到，如 contentType 表示这个请求发送的数据类型为"application/json"（一种文本类型，表示 JSON 格式的字符串），dataType 则表示从服务器返回的数据类型为"json"。名为 headers 的参数是自定义请求头，包含 ThingsBoard 平台的授权令牌，必须按图示要求设置（详见 4.2.1 小节），其中的令牌已经从缓存中得到并赋值给变量 TB_token。

```
$.ajax({
    type: 'POST',
    //TB提供的接口
    url: "http://127.0.0.1:8080/api/order/",
    contentType: 'application/json',
    dataType: "json",
    headers: {
        "Authorization": "Bearer " + jtk
    },
    data: JSON.stringify(▨),
    success: function(e) {
        alert(JSON.stringify(e));
        //调用标识注册函数
        registerCode(token, getCode());
    },
    error: function(e) {
        alert(e.responseText);
    }
});
```

图 7-26　调用$.ajax() 方法向 ThingsBoard 平台接口发送标识注册数据

后面的 success 回调函数，会调用 alert() 方法提醒用户服务器响应并调用 registerCode() 函数进行标识注册。注意，第 1 个参数 token 就是 saveOrder() 函数的参数，而第 2 个参数是 getCode() 函数的返回值。而在 error 回调函数中，仍会调用 alert() 方法，该方法用于显示服务器响应的 responseText 值。

$.ajax() 方法中最重要的参数是 data，即向 ThingsBoard 平台接口发送的数据，它是 JSON 格式的字符串。所以，这里调用 JSON.stringify() 方法将使用 {} 标识的 JavaScript 对象转换为 JSON 数据。

这里的 JavaScript 对象包括 13 对键值对，其中前 11 对的数值都直接或间接来自全局变量 cydata，如图 7-27 所示。最后 2 对键值对分别采用不同方式赋值，"键" schedule 对应的值通过 JSON.stringify() 方法构造得到，该值为订单进度的初始值，后续会随着订单进度变化而更新；"键" tenantId（租户 ID）对应的值也是一个 JavaScript 对象，包括 2 对键值对，其中 "entityType:"TENANT"" 是固定的，id 的值则需要以管理员身份登录 ThingsBoard 平台后获取（不同租户获取的值不同）。这 13 对键值对中的 "键" 对应 ThingsBoard 数据库表格中的相关列名，不能随意修改。

```
data: JSON.stringify({
    //将JavaScript对象转换为JSON数据
    title: cydata.title,
    orderCode: cydata.orderCode,
    customer: cydata.customer,
    orderDate: new Date(cydata.orderDate).getTime(),
    salesman: cydata.salesman,
    materialName: cydata.productName,
    quantity: cydata.quantity,
    price: cydata.price,
    amount: cydata.amount,
    additionalInfo: {
        prefix:cydata.prefix
    },
    identifyCode: cydata.identifyCode,
    schedule: JSON.stringify([{name:"已下单",time:new
        Date().getTime()}]),
    tenantId: {
        id: "492e4800-bbb4-11ec-851c-e705c43b2047",
        entityType: "TENANT"
    }
}),
```

图 7-27　saveOrder() 函数中使用 $.ajax() 方法调用 POST 接口发送的数据

如果 saveOrder() 函数成功向 ThingsBoard 指定接口 POST 消息，就会调用 registerCode() 函数注册标识，至此结束 saveOrder() 函数。图 7-28 所示为 JavaScript 代码所有函数的执行顺序与调用逻辑。

（7）创建 registerCode() 注册标识函数

有了前面 saveOrder() 函数的基础，注册标识就不难理解了，还是调用 POST 接口发送数据，只是 $.ajax() 方法的部分参数值不同。

如图 7-29 所示，标识解析二级节点与 ThingsBoard 平台不同域名存在跨域请求问题，这里采用代理转发方式来解决。而 $.ajax() 方法中设置的参数需参考标识解析二级节点标识接口规范，该规范规定了与标识注册的相关要求，详见 4.2 节。

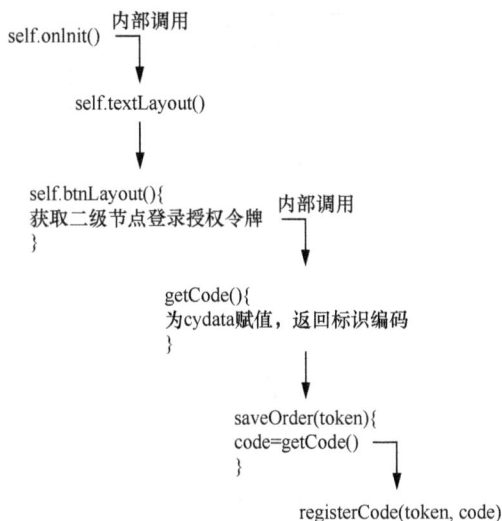

图 7-28　JavaScript 代码所有函数的执行顺序与调用逻辑

```
212    //自定义函数：注册标识
213    function registerCode(token, code) {
214        //调用POST接口
215        $.ajax({
216            type: 'POST',
217            //此url需经过代理转发，否则会产生浏览器跨域请求问题
218            url: "http://127.0.0.1:3000/api/identityv2/data",
219            contentType: 'application/json',
220            dataType: "json",
221            headers: {
222                "Authorization": "Bearer " + token
223            },
224            data: JSON.stringify(     ),
277            success: function(e) {     },
286            error: function(e) {
287                alert(e);
288            }
289        });
290    }
```

图 7-29　自定义 registerCode()函数

在 POST 请求的所有参数中，data 的体量很大，包括 handle、templateVersion 和 value 3 个元素，如图 7-30 所示。其中，handle 是指标识编码，templateVersion 是指在二级节点中创建的数据模板的"产品型号"字段的具体值，而 value 数组又包括 auth、index、type 和 data 这 4 个元素。图 7-31 展示了 value 数组第一个元素的完整内容，其中 data 也是个数组，包括 format 和 value 两个元素，这两个元素中 format 目前只能取字符串，而 value 值可以根据 value.type 从 cydata 数据项中取值。对比二级节点业务管理系统的数据模板（见图 7-32）可知，value.index 和 value.type 分别对应模板中的 index 和英文名称。

了解了$.ajax() 方法的 data 参数，再来看最后的 success 和 error 参数，也就是如何应对请求响应。应对请求响应的思路是根据响应参数做不同处理，若成功，则弹窗提醒用户标识注册成功；否则，显示错误消息。由 4.2 节对响应参数的介绍可知，会返回 status、message 和 data（是否操作成功）这 3 个参数，其中 status 有 5 种取值，而 data 的类型是 Boolean 类型。

```
data: JSON.stringify({
    "handle": code,
    "templateVersion": "订单跟踪",
    "value": [{
        "auth": "",
        "index": 2000,
        "type": "title",
        "data": {██}
    }, {
        "auth": "",
        "index": 2001,
        "type": "orderCode",
        "data": {██}
    }, {
        "auth": "",
        "index": 2002,
        "type": "schedule",
        "data": {██}
    }, {
        "auth": "",
        "index": 2003,
        "type": "orderDate",
        "data": {██}
    }, {
        "auth": "",
        "index": 2004,
        "type": "productName",
        "data": {██}
    }, {
        "auth": "",
        "index": 2005,
        "type": "quantity",
        "data": {██}
    }]
}),
```

图 7-30　registerCode 函数中使用$.ajax()方法调用 POST 接口发送的数据

```
"auth": "",
"index": 2000,
"type": "title",
"data": {
    "format": "string",
    "value": cydata.title
}
```

图 7-31　标识注册请求参数中的 value 数组元素举例

index	中文名称	英文名称	数据类型	操作
2000	订单标题	title	字符串	查看
2001	合同编号	orderCode	字符串	查看
2002	订单进度	schedule	字符串	查看
2003	订单日期	orderDate	字符串	查看
2004	产品名称	productName	字符串	查看
2005	数量	quantity	字符串	查看

图 7-32　二级节点业务管理系统标识注册中的 "订单跟踪" 数据模板详情

所以，success 和 error 参数可以进行图 7-33 所示的设置。当同时满足返回值的 data 为 true 且 status 为 1 时，表示标识注册成功，此时的企业前缀将写入浏览器缓存，这一步可以避免后续使用其他企业前缀（非默认的 88.121.19792）时需要重复输入的问题，需结合 self.onInit() 方法实现（见图 7-18 所示的相关代码）。

```
success: function(e) {
    if (e.data && e.status == 1) {
        //把企业前缀存入缓存
        localStorage.setItem("enterprise_prefix",JSON
            .stringify({prefix: cydata.prefix}));
        alert("标识注册成功！");
    } else {
        alert(e.message);
    }
},
error: function(e) {
    alert(e);
}
```

图 7-33　registerCode()函数$.ajax()方法的 success 和 error 参数

abc 实操　按照前面介绍的内容补充完整代码，然后在"合同编号"处输入合同编号，在"业务员"处输入姓名，完成个性化销售订单创建与标识注册。

微课

7.2.2　创建订单跟踪窗口部件

图 7-34（b）展示了在订单跟踪窗口部件输入（包括扫描枪扫描输入）标识编码并单击"查询"按钮后显示的数据。可以看到，窗口下部会出现完整的订单进度记录，而这部分在查询之前是不可见的。下面还是分 HTML 和 CSS 资源以及 JavaScript 代码两部分来实现窗口部件。

创建订单跟踪
窗口部件

（a）查询前界面　　　　　　　　　　　　　（b）查询后界面

图 7-34　ThingsBoard 订单跟踪窗口部件

1.　HTML 和 CSS 资源

与前面介绍的窗口部件一样，订单跟踪窗口部件包含第一行的标识显示框、中间的 3 行 2 列的表格以及最后一行的"查询"按钮。在 HTML 编辑页面，也使用了表格布局，代码框架如图 7-35 所示。其中使用 div 元素将页面分割为多个独立区块，配合使用 class 属性重复定义相同样式的区域。

```html
1  <!--div容器-->
2  <div class="demo-container">
3      <!--表格布局-->
4      <div class="form">
5          <div class="dx-fieldset">
6 ▸          <div class="dx-field">▭</div>
9 ▸          <div class="dx-field">▭</div>
30▸          <div class="dx-field">▭</div>
51▸          <div class="dx-field">▭</div>
72          <div class="dx-field" style="text-align:center;">
73              <div id="search1"></div>
74          </div>
75          <div class="dx-field" >
76              <div id="schedule2" style="height:auto;overflow-y:auto;"></div>
77          </div>
78      </div>
79  </div>
80  </div>
```

图 7-35　订单跟踪窗口部件的 HTML 代码框架

由于显示框、按钮等元素的内容与前面的部件开发内容相似，这里就不再详细介绍，请参考前面的内容，自行补充与学习。这里需要关注的是第 76 行代码，这部分用于显示查询返回的订单进度详细记录，但这些记录在查询前是不可见的。所以，在元素的 style 样式属性中，设置了高度自动与 y 方向内容溢出则显示滚动条的属性。

2. JavaScript

订单跟踪窗口部件的 JavaScript 代码框架及功能注释如图 7-36 所示。除了自定义函数不同，其基本结构仍与销售订单窗口部件的一致。这里按照实际需求定义数据对象 cydata 的属性，属性键值对少于销售订单窗口部件的 cydata 对象的（见图 7-17），键名可以相同。

```javascript
1   //定义数据字段并初始化
2 ▸ var cydata = {▭};
11
12  //窗口部件初始化
13▸ self.onInit = function() {▭};
22
23  //窗口字段初始化，生成文本框
24▸ self.textLayout =  function() {▭}
54
55  //窗口按钮事件
56▸ self.btnLayout =  function() {▭}
81
82  //自定义函数：查询标识并显示查询结果
83▸ function searchCode(token, code) {▭}
```

图 7-36　订单跟踪窗口部件的 JavaScript 代码框架及功能注释

实现订单跟踪窗口部件的 self.onInit()方法很简单，只需要调用 self.textLayout()和 self.btnLayout()两种方法。对于 self.textLayout()方法而言，除了标识编码的输入框，其余 TextBox 只用于显示查询结果，所以在编写代码时要注意属性 value 和 disabled 的设置，以实现图 7-34（a）所示的效果。

在 self.btnLayout()方法中，需设置"查询"按钮的单击响应事件，这里的逻辑与销售订单窗口部件的不同，它是先从输入框获取标识编码，再调用自定义的标识查询函数，从二级节点指定接口中查询记录并从响应参数中提取数据。参考图 7-22 所示的代码补充 onClick()函数（见图 7-37）。

```
onClick() {
    //获取输入框内容
    var fm = self.ctx.$container;
    cydata.identifyCode = fm.find("#identifyCode1 .dx-texteditor-input")[0].value;
    if (!!cydata.identifyCode) {
        //从浏览器缓存获取二级节点登录token并将其赋给tk
        var tk = JSON.parse(localStorage.getItem("fzcitln_token"));
        if (!!tk && !!tk.token) {
            //调用函数
            searchCode(tk.token, cydata.identifyCode);
        } else {
            alert("请先授权登录二级节点！");
        }
    } else {
        alert("请输入标识码！");
    }
},
```

图 7-37　订单跟踪窗口部件的 Button 的 onClick 属性的部分代码

最后来完成订单跟踪窗口部件最重要的标识查询功能，也就是实现 self.btnLayout()方法中调用的自定义函数 searchCode()。如图 7-38 所示，在调用 GET 接口查询标识之前，先对将要显示查询结果的 UI 组件进行初始化，因为这部分没有在 self.textLayout()方法中实现。需要注意的是，这里的 UI 组件为 TextArea，它与 TextBox 最大的区别是：TextArea 能显示多行数据，而 TextBox 只能显示一行数据。

另外，与标识注册使用 POST 请求不同，查询标识使用 GET 请求，GET 请求与 POST 请求体现在这里的最大区别是：GET 请求会在 URL 地址后以 "?" 的形式加上发送给服务器的数据，如图 7-38 中第 94 行代码 "?handle= code"，其中 code 是 searchCode()函数的第 2 个参数；而 POST 请求则是在实体内容中指出发给服务器的数据 data（见图 7-30）。

```
82    //自定义函数：查询标识并显示查询结果
83    function searchCode(token, code) {
84        //初始化订单进度结果显示
85        $('#schedule2').dxTextArea({
86            value: '',
87            height: 120
88        });
89        //字段初始化
90        self.textLayout();
91        //调用GET接口
92        $.ajax({
93            type: 'GET',
94            //此url需经过代理转发，否则会产生浏览器跨域请求问题
95            url: "http://127.0.0.1:3000/api/identityv2/data/detail?handle=" + code,
96            contentType: 'application/json',
97            dataType: "json",
98            headers: {
99                "Authorization": "Bearer " + token,
100               "Content-Type": "application/json"
101           },
102           success: function(e) {},
152           error: function(e) {
153               //返回错误结果
154               alert(e);
155           }
156       });
```

图 7-38　自定义 searchCode()函数

success 回调函数先将返回的 value 数组中索引为 2～7 的元素值分别显示在对应的 TextBox 组件，然后解析订单进度 schedule 的值，将不同时间的进度记录逐条显示在 TextArea 组件中。这里举例说明一下 schedule 的值：

```
[{"name":"平台下单","time":1655951931295},
{"name":"裁片出库","time":1655953935816},
{"name":"裁片缝制","time":1655954164845}]
```

这里的任务是将上述格式的数据转换成如下记录并加上序号显示：

1. 2022/6/23 10:38:52　　平台下单
2. 2022/6/23 11:11:43　　裁片出库
3. 2022/6/23 11:16:04　　裁片缝制

先用 JSON.parse()方法将 JSON 数据转换为 JavaScript 对象，转换的结果是一个数组，数组成员是对象，如数组索引为 0 的元素为

```
{name:"已下单",
time:1655951931295}
```

所以，需要把整数形式的时间戳的格式转换为 yyyy/mm/dd hh:mm:ss 格式，这里用到 parseInt()和 toLocaleString()两种方法，同时在不同字符串之间拼接如'\t'、'\n'、'\r'等转义字符，使记录显示得更整齐，具体代码可参考图 7-39。最后将字符串 str 显示于 id 为 scheduleList 的 TextArea 组件中。

```
//解析订单进度JSON数据
var jds = JSON.parse(e.data.value[4],data.value);
var str = "";
for(var i = 0; i < jds.length; i++){
    var j = i + 1;
    var jd = jds[i];
    var time = new Date(parseInt(jd.time)).toLocaleString();
    if(str == ""){
        str = j + '.' + '\t' + time + '\t\t' + jd.name;
    }else{
        str = str + '\r\n\r\n' + j + '.' + '\t' + time + '\t\t' + jd.name;
    }
}
```

图 7-39　订单跟踪窗口部件解析"订单进度"的 JSON 数据

7.3　综合案例：西服制作订单跟踪

根据前文的讲解，完成销售订单、订单跟踪窗口部件的开发。本节将结合实训平台完成西服制作中的订单跟踪。

7.3.1　西服制作订单跟踪场景

图 7-40 所示的是西服制作的生产场景。本案例将西服制作流程简化为"裁片出库—裁片缝制—西服缝制—成衣包装"等工序，同时假定每道工序在操作完成时会扫描智能衣架上的标识标签记录生产进度，从而更新订单进度。

图 7-41 所示的是西服制作流程。生产计划人员在 ThingsBoard 平台中生成销售订单，平台将销售订单下发到现场生产执行系统中（步骤①）。现场生产执行系统接收到平台下发的销售订单，从销售订单中获取销售生产的详细信息，根据生产的详细信息进行裁片出库（步骤②）。通过链式流水线将裁片输送到不同的缝制工位上进行裁片缝制（步骤③）及西服缝制（步骤④）。完成缝制后，通过流水线将西服输送到包装工位进行成衣包装（步骤⑤），同时完成该销售订单的生产制作（步骤⑥）。

图 7-40 西服制作的生产场景

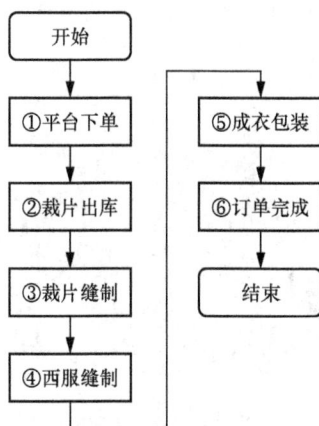

图 7-41 西服制作流程

7.3.2 西服制作订单跟踪实训

将 PC 的网线接入工业路由器，修改 PC 的本机 IP 地址为 192.168.1.69，如图 7-42 所示。

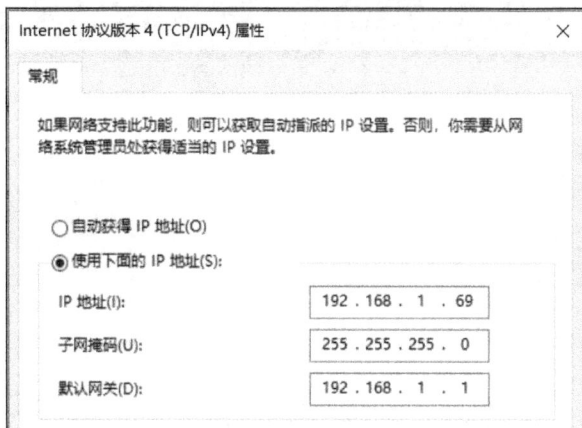

微课

西服制作订单
跟踪实训

图 7-42 修改本机 IP 地址

1. 启动西服制作 3D 仿真场景

3D 仿真启动步骤如下。

（1）将加密授权 U 盘插在计算机上，并打开 PLC3D 工业仿真软件，如图 7-43 所示。

（2）打开并运行"U 盘资料\05_3D 场景\订单跟踪 3D 场景"下的"西服订单跟踪.exe"，如图 7-44 所示。

图 7-43　PLC3D 工业仿真

图 7-44　西服订单跟踪

（3）单击▶按钮，开始仿真，启动西服制作场景的仿真，如图 7-45 所示。

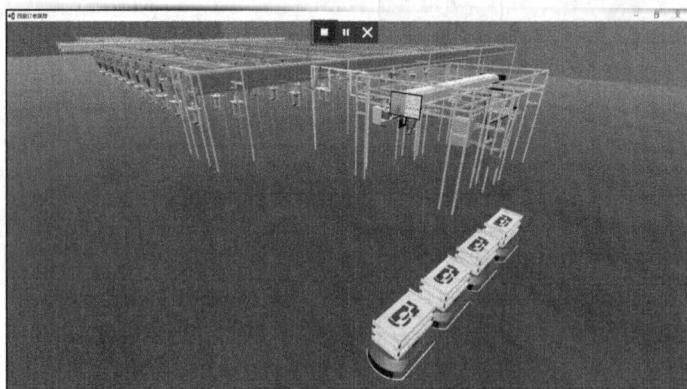

图 7-45　启动仿真

2. ThingsBoard 平台下单

打开 ThingsBoard 平台，根据 5.1.2 小节的内容，在 ThingsBoard 平台中新建一个名称为"标识解析-订单跟踪"的仪表板，如图 7-46 所示。

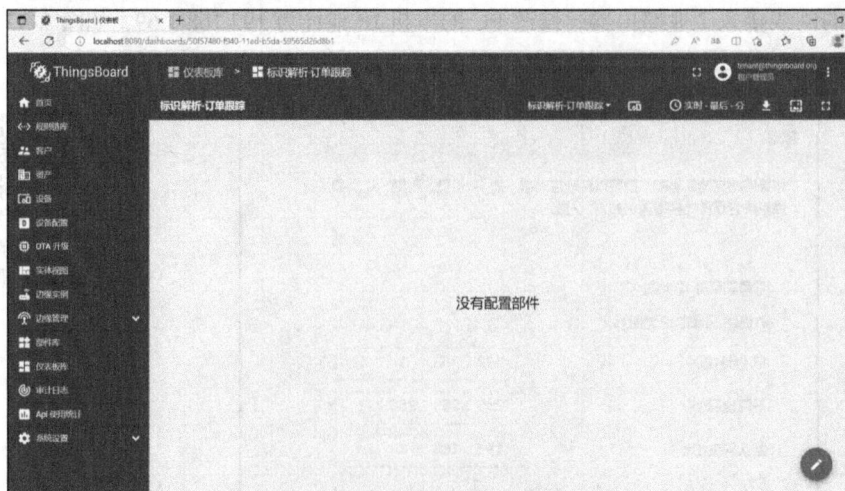

图 7-46　新建订单跟踪仪表板

在订单跟踪仪表板中，分别添加"ThingsBoard 登录授权""二级节点登录授权""销售订单""订单跟踪"窗口部件，如图 7-47 所示。

图 7-47　配置订单跟踪仪表板

在"标识解析-订单跟踪"仪表板中，进行销售订单的创建和注册。

（1）ThingsBoard 用户登录。使用用户名"tenant@thingsboard.org"、密码"tenant"，进行 ThingsBoard 登录授权，如图 7-48 和图 7-49 所示。

图 7-48　ThingsBoard 登录授权

图 7-49　ThingsBoard 登录授权成功

（2）二级节点管理系统用户登录。使用二级节点管理系统的用户名和密码，进行二级节点登录授权，如图 7-50 和图 7-51 所示。

图 7-50　二级节点登录授权

图 7-51　二级节点登录授权成功

（3）销售订单创建、下发。在"销售订单"窗口中，创建新的销售订单，按图 7-52 所示配置销售订单信息。配置完成后，单击"保存"按钮，平台自动将订单信息保存到数据库中，如图 7-53 所示。同时，平台将根据销售订单的信息合成标识码，并调用二级节点业务管理系统接口进行标识注册，如图 7-54 所示。

图 7-52　销售订单信息

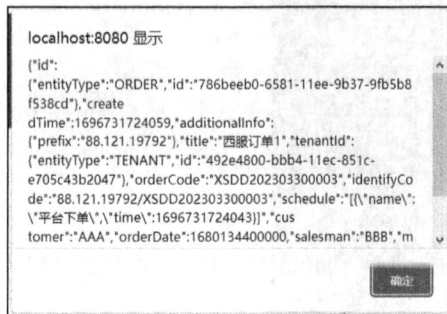

图 7-53　销售订单保存成功

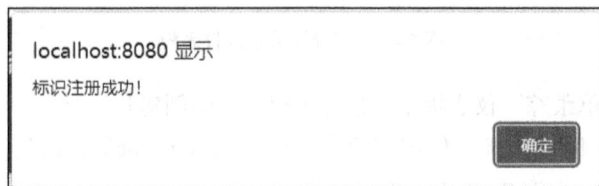

图 7-54　标识注册成功

3．订单跟踪

在 HMI 的"订单跟踪"界面中，可以查看 ThingsBoard 平台下发的销售订单，如图 7-55 所示。

图 7-55　HMI 的"订单跟踪"界面

PLC 接收到订单，启动西服制作 3D 仿真，西服制作实时场景如图 7-56 所示。

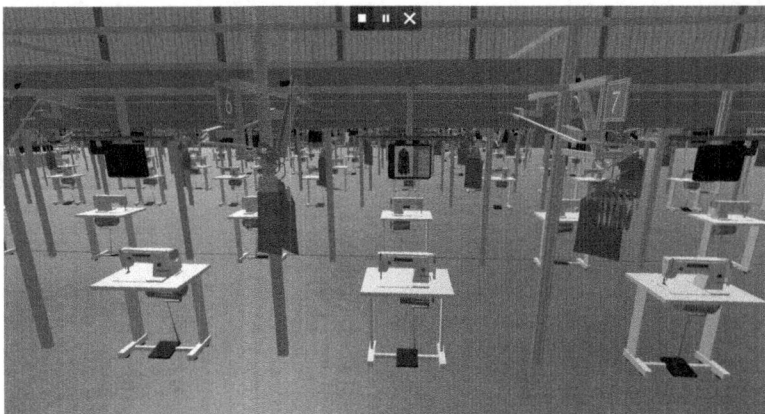

图 7-56　西服制作实时场景

在仿真场景中，按照"裁片出库—裁片缝制—西服缝制—成衣包装"等工序流程，完成西服制作，并在 HMI 上显示实时订单进度，如图 7-57 所示。

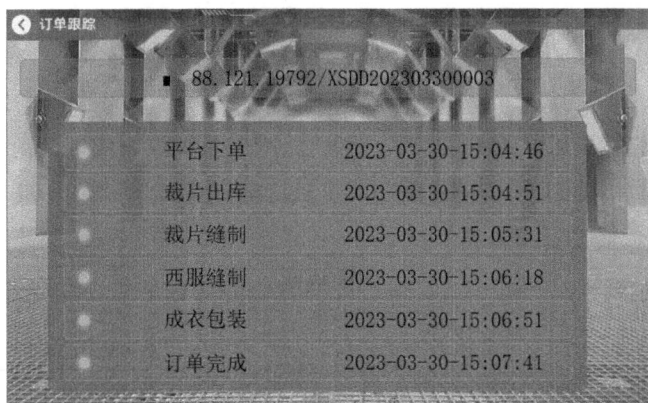

图 7-57　实时订单进度

打开 ThingsBoard 平台，在"标识解析-订单跟踪"仪表板的"订单跟踪"窗口中，可以通过标识码查询订单的信息以及订单的进度状态，如图 7-58 所示。

图 7-58　"订单跟踪"窗口

打开二级节点业务管理系统，可以使用标识码查询该销售订单的详细信息以及更新的订单进度，如图 7-59 所示。

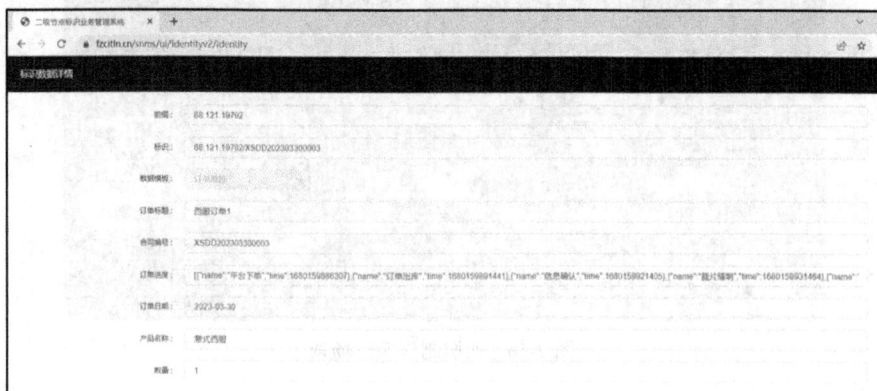

图 7-59　标识数据详情

【项目小结】

本项目通过工业互联网标识解析在流程/过程层创新应用的学习实训，帮助读者通过开发订单跟踪窗口部件，实现西服制作订单跟踪的流程。项目小结思维导图如图 7-60 所示。

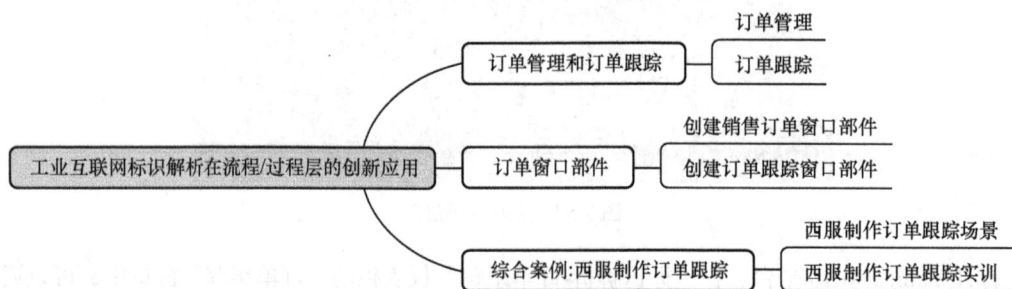

图 7-60　项目小结思维导图

【思考与练习】

（1）简述订单跟踪窗口部件开发步骤。

（2）简述西服制作订单跟踪窗口部件的流程。

（3）补充完整销售订单、订单跟踪窗口部件的相关代码。